我爱你，

最终是希望你能借着我的爱学会爱自己。

看见自己 看见爱

May the Love be with You

小淳（谭耀淳）◎著

puchipuchi◎插画

SPM 南方出版传媒
广东教育出版社
·广州·

图书在版编目（CIP）数据

看见自己看见爱 / 小淳著；puchipuchi插画. —广州：广东教育出版社，2017. 1
ISBN 978-7-5548-1396-6
Ⅰ. ①看… Ⅱ. ①小… ②p… Ⅲ. ①家庭教育 Ⅳ. ① G78

中国版本图书馆CIP数据核字（2016）第264490号

责任编辑：陈定天　蚁思妍　田　晓　高　斯　魏璋倩
责任技编：刘莉敏
装帧设计：友间文化

看见自己看见爱
KANJIAN ZIJI KANJIAN AI

广东教育出版社出版发行
（广州市环市东路472号12-15楼）
邮政编码：510075
网址：http://www.gjs.cn
广东新华发行集团股份有限公司经销
广东信源彩色印务有限公司印刷
（广州市番禺区南村镇南村村东兴工业园）
787毫米×1092毫米　32开本　6印张　130 000字
2017年1月第1版　2017年1月第1次印刷
ISBN 978-7-5548-1396-6
定价：29.80元
质量监督电话：020-87613102　邮箱：gis-quality@gdpg.com.cn
购书咨询电话：020-87615809

preface # 序

爱和自由引领我们寻找属于自己的生命，活出自己是人生必修课。育儿也是育己，妈妈成长了，孩子也会受益。

在教育第一线工作十五年，我亲眼看见了很多“妈妈焦虑一孩子受苦”的案例。妈妈自身不成长，孩子就会沦为妈妈的情绪垃圾桶。很多弯路都是人生的必经之路，一个个独立鲜活的案例揭示的是我们寻找自我、实现自我的曲折道路。妈妈有了自我的觉醒，才会允许和接纳孩子的自我成长。

孩子，当我几乎就是你整个世界的时候，我希望自己能一直温柔待你。

如果我做错，希望我永远记得说“对不起”，而不是去掩饰自己犯下的错误或者回避你无辜的眼神。这一点也许更重要，因为我不能保证一直待你温柔。

这个世界不会一直如你所愿地温柔，但是，如果你愿意，让自己的心柔软一点，你会发现，每一株植物、每一处溪流都是善良的。星辰自顾自地运行，没有在白天让你看见也许叫你失望，但是，星星本身没有故意违逆你的意愿。如果你愿意，你就会发现，每一点星光都在说爱你。

我有时会厌弃这世界，因为我厌弃我自己。但当我发现我竟然不喜欢我自己，我就会尝试静下心来好好地和自己相处，以便重新爱上自己。于是，我又重新爱上这个世界。我要把这一点经验告诉你，有一位很温柔的女士说过，亲爱的，外面没有别人，只有你自己。

如果你始终爱自己，你就会始终被这世界爱着。

我爱你，最终是希望你能借着我的爱学会爱自己。

每一点星光，每一缕微风都像我一样在你身边，有一天，它们会代替我，继续温柔地说爱你。

Introduction 使用说明

这是一本写给妈妈们的书。书的内容分为三部分：

第一章　教你如何调整心态把控亲子关系处理，陪伴孩子成长；

第二章　教你面对孩子的校园困扰、情感困扰，该如何为孩子解答分忧；

第三章　教你如何在育儿过程中实现自身成长，使自己成为更自由、更美好的女人。

本书每一篇都分为三大板块，以便妈妈们自测“病症”，从而对症下药：

情景回放　将最真实的生活场景再度呈现，让矛盾冲突无所遁形；

问诊寻因　将背后的心理机制说给你听，从此告别天使与恶魔的恶性循环；

大补鸡汤　干了这碗鸡汤，以后轻松上路，做一个焕然一新的母亲。

Contents 目 录

1

第一章

天下武功唯爱不破：爱你如你所是

1

慈母不会败儿，道学家才会

通情达理才能确保关系良好。

情景回放

小明觉得自己的妈妈一说话就像开启新闻联播模式，滔滔不绝，没句人话。妈妈对此感到很烦恼，她对小明说："你这孩子真奇怪，我也是苦口婆心的，你不听就已经很不对了，为什么还要板着一张脸？"

有一天早上，小明心里各种郁闷，加上感冒初愈，早餐感觉吃不下，打算扔掉。妈妈正好看见，就对小明说："你怎么能不爱惜粮食呢？你知不知道今天还是世界粮食保护日呢？"小明听到这样的话，整个人都感觉更不好了，但是又无力反驳。

问诊寻因

试想一下，冬天的清晨，你在家里的床上抱着被子不愿起床，如果，这个时候，有人凑过来对你说："业精于勤荒于嬉。"

你会怎么样？也许会在心里叫那人“滚一边去”，甚至可能已经把这话喊出来了。对成年人来说，所谓正确的道理其实没什么说服力。什么“卓越出自细节”“每一分钟都不可以放松”之类的话，哪怕真的出自哈佛校训，大概大家都会觉得这些话不能令你心甘情愿在寒冷的冬天早起五分钟。因为很多时候，理是这个理，搁不住本人还是不愿意啊。毕竟我们都不是凌晨四点起来训练顺便看洛杉矶夜景的科比。

可是我们的师长却以为，孩子做不到就是因为他不懂道理。我们又分明看到孩子写起检讨或者作文来，说理一套一套的，选词造句非常娴熟，认错态度良好，语句里体现的觉悟既有深度又有高度。既然这样，当孩子犯错的时候，他是真不懂这个道理吗？还是他明知故犯？家长对孩子讲道理真的有用吗？实际上，所有道理只有化为亲身体验才会被承认和执行。

那么亲身体验从哪里来呢？从孩子自身的经历中由他自己总结出适用于自己的才是值得尊重的道理。有人信奉“枪打出头鸟”，有人相信“早起鸟儿有虫吃”，如果不幸身为一只没有主见的鸟，那它只好早早起来，但是迟迟不敢离开它的窝。

孩子打完篮球兴高采烈，一身汗地回来。妈妈会怎么说呢？“快擦擦汗吧，看你湿的，待会儿小心着凉”，还是说“打篮球好啊，有益于锻炼身体，你以后可以多打”？其实这些话孩子不知道吗？就算他不知道，但妈妈非要在这个时候说吗？面对孩子红扑扑汗津津的脸，妈妈感受到孩子的活力和欢喜，回报一句“你看上去很开心啊，看到你这么开心我也开心”就已经很好了，母子皆喜。

大补鸡汤

不是生活中所有场景都需要变成教育良机，我们不妨让高兴只是高兴，伤心就只是伤心，情绪自由流淌，流经你我的心灵。我不怕你不懂事，也不担心你会学坏。我只想慢慢地陪着你，分享你的快乐和忧愁。我们的生活中不需要三大纪律、八项注意，也不需要五讲·四美·三热爱，只要我们彼此温柔相待，互相尊重，从爱里面就会生长出美德。

2

急惊风的妈妈必然生个“慢郎中”

妈妈不焦虑，孩子会健康，别让“催”变成“摧”。

情景回放

小明要洗澡，小明妈妈着急，嘴里唠叨，手上乱指。你看你怎么还不行动啊，衣服拿了没有啊，浴巾呢，怎么进去那么久啊？哎！你怎么还不去睡觉啊，在那里磨蹭什么啊？

小明要考试，小明妈妈着急，嘴上冒泡，眼里冒火。你看他怎么一点都不着急，期中考不好，期末怎么赶得上。这个学期没学好，后面就来不及啦！你看看他呀，真是皇帝不急太监急啊。

问诊寻因

坐副驾驶位置的人总觉得自己的车技比司机牛，挤在厨房里的两个人一定会爆发战争，下棋的人一早声明“观棋不语真君子”。为什么呢？因为骄傲如人类，天生自带自恋功能，“我比你更知道你该怎么做”这种想法简直是导致人际关系恶化的一个不可打破的魔咒，放在亲子关系中尤甚。

几乎所有妈妈可能都曾经这样想过：我要是你我早开始复习了，我要是你我早就做好了，我要是你……

恨铁不成钢，朽木不可雕。为什么含辛茹苦的妈偏偏有个无动于衷的娃？妈妈越是恨不得伸出手替孩子把事情做了，孩子越是慢吞吞不在乎。

因为你不会比孩子更知道他该怎么做，因为每个人都想按自己的节奏来安排生活。一言以蔽之，对孩子来说，你不可以代替他的人生。

我们在工作中常常见到这种局面：有人对你指手画脚，于是你忍无可忍火山爆发“你这么爱说三道四的，你来做好了！”可是孩子不是你的同事，他对妈妈的爱和顺从注定他不愿意这么激烈地反抗妈妈。可是啊，到底心里还是不爽啊，心不甘情不愿。在孩子自己都意识不到的情况下，他做事会越来越慢，心里越觉得勉强，动作就会越迟缓。所以妈妈越爱指导孩子越会迟钝。孩子以这种慢，来反抗妈妈的控制和催促。

所以妈妈们会发现：每天催孩子起床、吃饭、洗澡、做作业、睡觉，一天都在催促中度过，妈妈心力交瘁，孩子不堪其扰。于是彼此就陷入很想互相迁就但又忍不住互相厌恶的循环当中。

这个时候，妈妈的操心和控制都是对孩子的干扰，孩子为了抵抗这些干扰已经耗费了他巨大的能量。

大补鸡汤

妈妈总希望事事完美，妈妈总希望一切尽在掌握。其实在亲子相处当中，关系比胜负重要，彼此感觉舒服比道理正确重要。妈妈越想一切按自己希望的那套来，孩子想要挣脱轨道的欲望就会越强烈。本来我们可以成为孩子展翅高飞的最佳助力，但是在无尽的担忧和催促监督下，妈妈却成了孩子最不能摆脱的牢笼和负担。

请相信，每一个生命来到这个世界，都自有他的灵性和因缘，孩子的路，要让孩子自己去走。静待花开，实在不易，但揠苗助长，更为不智。

3 别人家的孩子都从哪里来

到底这些给我们的心灵投射巨大阴影的孩子是从哪里来的呢?

情景回放

小明的妈妈总是津津乐道，谁家的孩子又创造了什么“丰功伟业”，每当看到妈妈的星星眼和听到她啧啧赞叹的声音，小明总是回报以饱满的白眼和扭曲的嘴角，表示他对“别人家的孩子”这一种奇怪的生物不感兴趣。最讨厌的孩子就是别人家的孩子，最完美的孩子也是别人家的孩子。

问诊寻因

“注意”这个动作本来就是具有选择性的，人们在外界众多信息刺激下选择某些忽略某些注意。譬如，一天你穿了一件红色外套出门，你会觉得，咦，今天蛮多人穿红色喔。其实这天穿红色的人和以往每一天一样，不多不少，可是你就是觉得今天特别多。你之所以会注意是因为你有意识地接收这些信息。

妈妈之所以特别留意“别人家的孩子”，是因为她启动了雷达高速扫描周围，证明“我的孩子还不够好”的信号。她在比较中受到了刺激，她以为孩子也会和她一样被刺激而心有不甘。一直被比较从未被肯定，关于别人家的孩子，我们有一万个血泪交加的故事要倾诉。从娃娃抓起，比较谁先说话，谁先长牙，一直到考取的学校哪家强，妈妈们有太多项目可以设项以及随机抽取无数选手来参赛。实际上，孩子们并不想像一条疯狗一样和随便遇到的任何一条狗比较谁叫得比较大声。

一个人的自我形象不建立在和别人的横向比较中，忘掉那些坐标参照物吧，孩子是活生生的人，不是一堆数据和奖状。

别的小孩出门会问好，到了饭桌会给大人倒茶，为什么你不懂？别的小孩回家会立刻做作业，然后再弹琴，为什么你没有？

停止这些问题吧，只有一直对自己的孩子心存不满的妈妈才会积极收集这种种信息致力于把孩子打倒，不达目的不罢休。明明是亲妈，为什么要做出比后妈还要恶毒的事情来。因为没有什么人能够在不停地比较批评羞辱下健康地存活下来，更不要说承受这种待遇的人还是个孩子。

其实啊，并不存在“别人家的孩子”，这个形象是妈妈无意识捏造出来的，她选取了众多孩子的特点糅合在一起，看似激励其实是折磨，小A会弹琴，小B帮家里干家务，小C这次考了第一。

而可怜的孩子永远不可能战胜这么一个博取众家之长、完美到无以复加的神一般的存在。别人家的孩子本来就只是个虚构形象，而你更没有必要一直在比较中寻找自己的价值感。

毕竟你的孩子也没有怪你为什么不是马云，也没对你说，你看看人家王思聪的爸爸。既然古语教导儿不嫌母丑，为何做妈妈的您却要求那么多？

大补鸡汤

To母亲大人：如果你相信自己的孩子是宇宙间独一无二的存在，请相信他的节奏和选择。

To同学们：你以为这种病只有妈妈有吗？当你瞄到同桌现代文全对，死对头英语高你2分，男神数学又拿第一的时候，你不是也觉得自己渣到不可原谅吗？这个时候的你不也开启你的雷达病态地寻找打击自己的证据吗？

任何人都不是你的坐标参照物，你的价值只需要去相信，不需要去比较。

4

“唯一”代表的不是价值是压力

当一切都向学习让步，学习成了最让人讨厌的事情。

情景回放

小明期末考试成绩不是很理想，小明妈妈抓狂：“我们什么都不用你做，什么都不要你管，只要你好好读书就行了，你为什么就是做不到？！”小明也觉得很惭愧：是啊，被照顾得这么周到，我只要读书就好了，我却把我唯一要做的事情弄砸了。

问诊寻因

很多家长困惑：这个孩子干点什么别的看着挺积极主动的，为什么一说到读书就这么半死不活的样子，难道他真的不是读书的料吗？可是看着他那个机灵样，亲生爹娘爱恨交缠，口中刻薄心里寄予厚望，实在很难相信自家这个娃成不了才啊。

这种困惑《红楼梦》里的贾政老爹也有。你看，贾宝玉蠢么？题匾大观园显露才情IQ高，和一众姐妹相处融洽EQ高，可是一说起仕途经济，他就心中不快黑脸赶人。贾政棍棒打之，王夫人贾母宠爱劝之，薛宝钗袭人等人柔情诱之，通通宣告失败。

为什么呢？

现在虽然已经不流行万般皆下品唯有读书高的说法，但是在很多家庭，父母还是有这样的错觉：我既然指导不了孩子的学习，就把家务后勤工作做好。孩子你什么都不用干，什么都不用管，专心学习就够了。

学校里这样的逻辑也屡见不鲜：教学区屏蔽手机，因为学生玩手机会分心；禁止课间打篮球，因为打完一身汗不能静下心学习；女生要求剪短发，因为节约了搞发型的时间可以更好地学习。

在成年人的逻辑里，最好的事情就是孩子能够一心扑在学习上，两耳不闻窗外事，一心只做高考题。

但是，如果一件事情的存在会使你喜爱的一切都为之让步甚至被取消，你还会真心喜欢做那件事情吗？

当你什么都不可以做也不需要做，只被要求做好一件事，你能做好这件事情吗？

所谓学习机器，所谓高分低能，其实就是在这样的逻辑里把一个活泼生动的少年异化而成的。当一个人生活里所有的乐趣都因为学习而被剥夺，他怎么可能还去爱学习这件事情？

把人看成机器，再正能量、再谈每天叫醒我的除了闹钟还有梦想，孩子也成不了24小时工作全年无休的永动机。我们的教育有太多经验压榨学生的时间剥夺他们的欢乐，但却太少去探索如何激发孩子的热情和潜力。我们在提高效率方面做得太少，如果把规定学生上厕所的时间以及饭堂排队时要默默背诵知识点，把名言名句写在学生所能看到的任何地方，包括楼梯和卫生间。这样的用心和创意，如果用在思考如何让孩子欢笑陶醉以及鼓励他去实现自己的这些命题上，我们的孩子也许会幸福很多。

大补鸡汤

人们之所以把学习当成孩子生活中唯一重要的事情，可能是误以为生命的能量是守恒的。一天二十四个小时，看电视多一个小时，学习就少了一个小时，此消彼长。

但是大家忘记了，人对生活的热情和动力是无穷的，是可以尽情挖掘的。在兴趣的驱动下，头脑可以高速高效运作。时间是有限的，真正无限的是人的热情。

想到和小明一样的孩子们，明明这么不快乐，但依然为了自己不能让父母感到高兴而羞愧，作为成年人的我们真有点莫名的心酸和惭愧啊。抱歉，你们得到的理解那么少，但是对待粗暴又主观的大人却这么宽容。抱抱，小明。

5

妈癌高发，看谁中招

白天为何就是不懂夜的黑，妈癌患者总要大战熊孩子。

情景回放

小明有一天连发朋友圈大吐苦水，一是“就算是没有灵魂的机器也会有停止工作的时候吧，更何况是有血有肉的人呢？”二是“你们还想怎么样？你们说要进步那就进步咯，现在还嫌不够是吧？那要怎样才能满意？告诉我啊！”

小明说，最爱我的人伤我最深，最会落井下石的是我最希望她雪中送炭的那一个；妈妈说，我最爱的人最使我抓狂，我最在意的人最不让我省心。这些相互伤害能不能避免？

问诊寻因

在孩子抱怨你为什么总是不满足的同时，家长往往也在焦虑这孩子怎么总是那么不懂事啊！因为学习总被家长搞成“我们为你操心的事”，所以孩子不觉得这是“我自己的事”。因为不觉得是自己的事，所以孩子努力的时候分外辛苦。

站着说话不腰疼的家长总觉得“你可以更努力”，说这话的时候他肯定忘了自己周一上班的脸有多臭。从小被鞭策到大的孩子，哪怕妈妈一个不满的眼神都使他敏感狂躁，换你来试试，你一天都挨不了！

养育一个快乐健康的孩子，最重要的就是妈妈不焦虑，爸爸多陪伴。焦虑的妈妈对家庭破坏性是很大的。很多妈妈总以为自己一个人操心全家的事，爸爸太懒惰孩子不自觉，全都是不让人省心的货。嘿，瞧你这孩子不像话！回家不把鞋子放鞋柜，去完厕所忘记关灯，还看电视你不赶紧去做作业，洗衣机里衣服已经洗完了怎么都没人听到啊！你看生活里这么多琐事杂事生生把贤妻良母逼出河东狮吼，这种焦虑是谓“妈癌”。

其实啊，生活中真心没有那么多问题，只要你不把它看作问题便是了。惠能老祖曰，“菩提本无树，明镜亦非台”。问题是很多妈妈如果不操心鞋子放哪里、作业做了没、晚餐有没有吃青菜这些问题，她就会感觉自己不是个尽职的妈妈。而当她开启唠叨模式，进而声色俱厉，继而撒泼歇斯底里控诉“我为你操碎了心”的时候，她感动了自己感动了中国，超越了平凡超越了窦娥，就是感动不了自己养的白眼狼。

说真的，如果孩子凡事自觉，成绩优秀，当妈妈的去哪里找存在感？事事张罗时时紧张的妈妈背后都必定有一个暗中冲她翻白眼的孩子，翻多了就成白眼狼。别怨孩子不听话，谁愿意用自己的错误彰显你的伟大？

大补鸡汤

如果你莫名烦躁看孩子怎么都不顺眼，排除掉更年期的可能性，问问自己有多久没有好好和自己相处过。去和闺蜜喝杯咖啡，给自己买点精致的小玩意儿。要不，再简单点，你去睡个懒觉吧，就算起床的时候屋子依然乱糟糟，可是只要你不亏待自己，你就不会有那么多怨气。在面目狰狞地冲孩子喊“我都是为你好”之前，先对自己好吧。如果你对自己足够好，世界也不会让你失望。

独立和放手都需要学习。每个人最应该致力管理的是自己的人生。家长要是觉得读书容易又有益，自己赶紧去报读进修课程吧。至于不堪压迫的小明，集中注意力做一个让自己喜欢的人吧，为自己而战。与其抱怨别人的干扰，不如想想怎么把自己的时间安排好。

6

你带给我一千个伤心的理由

我真是你亲生的吗，为什么你黑我比谁都狠？

情景回放

小明期中考试没考好，妈妈骂了他一晚上，小明却面无表情地盯着电视，一直没反应。妈妈苦闷不已，自己骂得都想哭了，儿子却一滴眼泪都没有。小明妈妈打电话向朋友诉苦，朋友给她支了个招，告诉她：你去对他说，“你考不好，我心里难过，但我知道你的心里更难过”。小明妈妈依葫芦画瓢对小明说了这句话，小明听了以后，低下头来，眼中隐隐有泪光。

问诊寻因

遭遇失败，没有谁可以强大到不感觉到失落痛苦，但是对于孩子来说，我最大的痛苦来自你以为我不会痛苦。可是我怎么可能不痛苦，那是我的失败啊。

当一个孩子学走路摔跤了，妈妈会安慰他，呼呼，好痛是吧，妈妈知道了。妈妈还会鼓励他，不怕，咱们再来，好样的！可是当孩子长大，这种童年时温馨的待遇却没有了。当他在人生路上蹒跚学步，遭遇更多更复杂的困难和挫败，往日温柔体贴的妈妈却变了。当他在学习上摔了跤，他听到家长对他说，怎么别人能做到你就做不到呢，别人都懂怎么你就不懂呢？当他又摔了一跤，他听到妈妈恶形恶相地对他说，我早就跟你说过你这样是不行的，我早就提醒过你叫你好好复习的，你看看你现在……

有时他也想告诉妈妈，其实这次我是有进步的。可是妈妈还是这么不耐烦，你这样还不算差啊，那怎么才算差啊，你到底有没有用心读书啊。

再然后，妈妈可能还会说，你就不能自觉一点吗，看看你自己成什么样子了。

到了这个阶段，小明们再也不会在妈妈面前辩解或是倾诉，既然你这样看待我，我还怎么可能在你面前流露我的脆弱和伤痛。当你以为我不会痛的时候，我其实更加痛，可是我不能告诉你，因为你总是在我的伤口上撒把盐，再踩一脚。

既然相爱，何必相杀。但当家长沉浸在自己的想象中对孩子发出种种指令和指责时，家长并没有真实地看到孩子的需要。其实，只要一个拥抱就可以解决的事却最终酿成了彼此心头不能触碰的伤痛。在孩子感到挫败的时候，先别急着发脾气，抱抱他，抱住他的失意和沮丧，让他知道无论如何，他还有你。

大补鸡汤

不要只顾着自己发泄怒气，你的坏情绪得以抒发了，孩子的郁闷往哪里倒？别说什么恨铁不成钢，如果抱怨和指责能够炼铁成钢，还要冶炼厂干什么？也许家长觉得人类丛林百般险恶，优胜劣汰，所以分分钟都不能掉以轻心，但请你始终记得，你要做的是孩子惊惶时的长明灯，软弱时的强心针，而你一个不屑的眼神一句不由分说的责问，都可能成为压垮他的最后一根稻草。

所以，不要总想着“他应该怎么样”，而多想想“他现在感觉怎么样”吧。真正的爱，是当你难过时我会陪着你。

7

生活未必是你想过的生活

决定分为正确的，错误的以及我的。

情景回放

小明的姐姐在网上认识了一个网友，然后堕入情网。她想辞掉目前自己不喜欢的工作去上海找那个网友。这在家里引起轩然大波，所有人都觉得这样的想法极其不靠谱：爸爸妈妈年纪大了，你不但不好好赚钱养家还想到处乱跑？小明很同情他的姐姐，他虽然说不出什么道理，但对姐姐表示支持。

问诊寻因

很多时候，身边人为你精打细算的生活你并不想过，而你的突发奇想总是尴尬地遇到四面楚歌。

人们判断你向往的未来毫无胜算而且危机四伏，你的跃跃欲试心向往之皆是犯傻。

未来的无限可能性似乎只存在于成功人士的回忆录里，庸众所有的只是按部就班小心谨慎?

所有选秀节目贩卖的都是梦想成真的戏码，之所以屡试不爽是因为实际上梦想还是照不进现实?

任何我想要做的都是值得做的，人活着的意义就是要完成我想要做的事情。认识自己，活出自己，这是终生课题。

辞掉工作去上海走一遭，当然可能毫无收获，但是一个年轻人大学毕业出来找工作，还不是很确定自己想要什么，出去走一走，绝不是坏事。但当下的教育方式是，大多数人学到的是“我该干什么”，而不是“我想干什么”，以及如何实现它。但是“我想干什么”这个题目始终会潜伏在你的人生旅途上等候着你，终有一天，一触即发，不可收拾。

与其逃避它，不如迎接它。问题来了，真相才会有机会揭开。别人煲的鸡汤再好喝，也比不上自己亲手煮的那锅汤。可是，每个人又都要记得，自己亲手煮的鸡汤就算再香也不能硬灌给别人喝啊。

辞掉一份工作，换一个城市生活，结束一段关系，这些经历都会为我们日后的人生提供更多勇气和可能性。除了违法违纪，人生大部分体验都是，尝试胜过裹步不前。据说植物的枝条折断损伤之处会变得更为坚韧粗大。就算是错误，历经辗转，人们才能写下属于自己的奇幻之旅。

我们未必会活成一个传奇，但我们也未必愿意按图索骥、依葫芦画瓢地去度过一生，毕竟生命有赖几千亿之一的幸运、偶然才得以降临人世，实在不想活成千篇一律的标本样本。

生活的方向并不以正确或错误区分，王尔德也说，人分为有趣的和乏味的。对于小明们以及小明的姐姐们来说，生活划分是，我想要的以及我不想要的。这个问题没有标准答案。

大补鸡汤

几多弯路都是人生必经之路，试错是成长的必然经过。我们来到人生游乐园，哪种玩法才算值回票价？要玩尽最多人喜欢的，设施最昂贵的？还是说累死累活全部项目都体验一把，吃喝玩乐都不错过？抑或偏安一隅表示兴趣不大，安全至上？保持愉快心情，不压抑好奇心，玩自己想玩的项目，各有玩法，最重要的是，记得感恩获得入门券。

8

虎妈or猫爸：养孩子到底哪家强？

电视剧《虎妈猫爸》热播，养育孩子哪家强，猫虎结合出路在何方？

情景回放

小明的妈妈最近爱上了看电视剧《虎妈猫爸》，看到虎妈为了孩子能进好学校上蹿下跳，小明妈深有同感：一步错满盘皆输，好学位难求啊！有能力是拼爹拼妈，没能力是坑爹坑妈。看到猫爸带着孩子打游戏，帮孩子做作业，小明妈也表示支持：中国人多现实残酷，孩子活得辛苦啊，当爸妈的要理解支持还要不时带她放松放松。

说到底，养孩子这事虽然不要求培训上岗，可真是个技术活。

问诊寻因

一个成年人，人生的路走到一半，社会的冷暖见识不少，青春的激情所剩不多。事业工作不说到头了，也是比较稳定了，爱情婚姻是左手摸右手心脏不跳手不抖。你说到这个年龄，还有什么是你在意紧张的呢？

孩子啊，他是一张白纸，一株树苗，他似乎可以任你描绘，也能带给你无穷希望。现实再平庸惨淡，不少人还是会劝你“看在孩子的分上”不要对生活失去信心。孩子的纯真和热情点亮了我们冗长乏味的日子。对此我们应该对孩子表示衷心感谢！

但是有些爸爸妈妈，对于自己的人生早早放弃，人还活着，梦已经埋掉了。孩子成了他们未完人生的待续，考名校学钢琴出人头地。有些爸爸妈妈，不敢直面自己的懈怠无能，孩子成了家里的门面担当，文能背唐诗武能做体操，装饰爸爸妈妈乏善可陈的人生。父母越是对自己失望越会对孩子贪婪，你恨不得他完成你所有愿望。狼爸虎妈之所以会产生，是因为他们对孩子有着狼虎野心。明明是纯白的纸稚嫩的树，却承载了成年人虚荣势利的欲求。

至于猫爸，他只是缓解矛盾其实没有解决问题。只会满足孩子的需要，却没有教导她相应的规则，也没为她的成长提供清晰耐心的指引，而熊孩子就是这样产生的。我们心疼年幼的孩子，其实某种程度上也是在补偿在童年被亏待的自己。因为很多成年人也是在虎妈的教育下成长的，后来他们不愿做虎就成了猫。猫爸没有办法重返童年，但他可以顶着成年人的外貌怀着一个小男孩的心去面对生活，所以在厕所里打游戏、代写作业、对妻子瞒骗糊弄等，这都是小男孩干的事。

上天恩赐一个小生命到我们身边，我们能够有机会陪着他成长，这是我们的幸运也是我们的职责。所谓“虎”或者“猫”，如果只是把它当作一种教育方法而不是观念，其实都是可取的。传递爱意但保持权威，耐心陪伴并且教导规则。

大补鸡汤

你看，怎么办？听到的道理越多，父母这个角色越难做。有人说，孩子三岁前带给你的欢乐，已经偿还了你养育的疲劳和痛苦，对孩子我们实在不该多加要求。在怀孕的时候，妈妈明明在想只要他健康就好。出生以后，孩子的每一个微笑都能叫爸爸妈妈感觉到生活熠熠生辉而别无所求。可是从什么时候起，我们却得陇望蜀，欲壑难填。

最重要的事

孩子，我向你郑重承诺：我不会把你看作是我的私有物品，也不会要求你成长为我想要的样子，更不会利用你来解决我自己无力面对的问题。我知道你就是你，你是一个独立的生命。我会保护你，尊重你，无条件，爱你。

9

中国家庭里的爸爸去哪儿了

你的孩子，今天，你陪了吗？

情景回放

在小明的印象中，妈妈是焦虑的，爸爸是忙碌的。小到儿时洗澡大到升学报考，妈妈什么都管；而爸爸，在外是会议饭局，回来时很累很忙。从小到大，小明听到最多的是“别吵你爸”的嘱咐，看到最多的是“爸爸没空”的背影。最令小明不满意的是，虽然爸爸常常禁止小明上网，但他自己从来没有放下过手机。

小明很想问问爸爸：那么多个我们在一起的夜晚，你的心到底在哪里？

问诊寻因

自从综艺节目《爸爸去哪儿》第三季播出以来，引起了社会各界极大关注和议论。之所以那么多人会关注这个节目，很大程度上是因为，在中国大多数家庭里爸爸是缺席的，爸爸带孩子出去玩是稀罕事儿。君不见，多数亲子出游，都是妈妈带着孩子报名一大一小，少年宫兴趣班接送的也是妈妈居多。追本溯源，从孩子一生下来，带孩子就被看作是妈妈和外婆（或奶奶）的事，爸爸充其量过来抱抱，逗逗，然后就可以走开做自己的事了，哪怕他其实并没有什么事可干。

会有这种现象出现，首先是人们通常认为，男人负责赚钱养家，女人负责煮饭带娃。外面的事是男人的事，家里的事都是女人的事。跟随这个观念而来的就是，家庭中爸爸以在外打拼的名义长期缺席。而那些爸爸小的时候就没有享受过他爸爸的陪伴爱抚，那么他自己缺乏的东西他也没有能力传递给孩子。他曾有一个“符号式”的爸爸，那他自己也会在家庭里成为一个符号，代表权威和财富，有力度但没温度。

所以成龙在儿子升上中学以后还跑到小学去接他放学，这种事情不是笑话。很多父亲在发现孩子成绩不理想的时候，首先责备妻子：你是怎么看管他的？多少父亲兴之所至把孩子叫过来教训一番，结果孩子并不买账，当爹的大怒：你看你现在是什么态度。

再加上“严父慈母”的角色定位，以及“孩子在家里要有个怕的人”之类的“民间智慧”，爸爸给孩子的怒目和惩治远远多于他的温情和劝慰。孩子和爸爸不亲是常见的事。与之相对应的是孩子和妈妈的关系过于紧密。

孩子之所以长大后坑爹，是因为他小的时候被他爹坑过，孩子偿还给你的是你早年亏欠他的。很多爸爸以为我在外面辛辛苦苦赚钱，就够对得起这个家了，对得起孩子了，殊不知，你养盆花还要浇水除草呢，何况是一个你希望他青出于蓝的小孩。养育孩子并没有捷径可以走，也没有人可以为你代劳。

而且，血槽已空的人并没有力量给别人打鸡血。很多家长结束一天忙碌的工作，回到家里，虽然人是坐在孩子身边，但是心并没有回应孩子的能量。孩子走过来问你："妈妈，我的画好看吗？"你可能会匆匆扫一眼就说："行，你自己去玩吧。"

面对孩子的痴缠，妈妈通常还有一份自觉的责任，但是爸爸却往往忘记"怜子未必不丈夫"而冷漠拒绝说，爸爸现在没空。也许他对孩子的妈妈也未必怀有更多的柔情。对于妻儿的感情需求，爸爸们的反应是想逃离而不是去满足，朋友圈里多少妈妈在传一种说法，宣称一个好爸爸最重要的是爱孩子的妈妈，但男人们都视若无睹。情感的交流在很多爸爸看来难以应付而且不可理喻。因为在成长历程里，他们已经太畏惧陪伴寂寞的母亲（所以如果你有一个很忙的爸爸很可能你还有一位事事插手怨气冲天的奶奶），也太习惯一个符号式的爸爸。于是代代繁衍，循环不息。

电视上，黄磊做两个菜，陆毅吻了鲍蕾，赢得多少"好男人"的赞叹。这是因为在看电视的妈妈和孩子都没有得到这样的待遇，他们期待的那个人可能到节目播放结束都还没有回家。

对，这才是我们的现实，孩子心里在说：亲爱的爸爸，你和我距离这么近，心却那么远。我觉得你带我看云时很近，你看手机时却离我很远。

大补鸡汤

当你觉得孩子是个烦人的小家伙时，先别去责怪他，先问问自己：为什么我的感觉那么差。如果喜欢自己的生活，你就会喜欢在你生活里的孩子，你自然可以温柔待他。

童年缺爱的孩子，长大成了孩子所依赖的父母，怎么办呢？你不可能给孩子你没有得到过的东西，譬如温柔和宽容；就像没有见过金鱼的孩子梦里不会出现金鱼。

但是如果你敢于自省，你可以让缺爱的命运在你这里终结，使你的孩子不至于重蹈你的覆辙。

也许你小的时候确实没有被父母拥吻过，但你的孩子可以得到你得不到的东西。只要你愿意去学习，去改变，去爱。

寂寞的妈妈，无辜的孩子，忙碌的爸爸。每一个宁静的夜晚，一家人待在同一个屋子里却倍感孤独，这样的场景很平常也很正常。

但是，到此为止吧。即使我做小孩的时候是如此孤单，但是至少我现在还有机会温暖你，我的孩子。

10

妈妈缺钙，偏爱晒娃

论一个妈妈的自我修养。

情景回放

小明的妈妈经过地铁总会看到美容医院广告，号召广大“黄脸婆”不要自甘堕落，要把美丽带回家。每天她提着一篮子菜，步履匆匆地经过这个广告牌，心中都会升起一种隐隐的烦躁：说得好听，没那么好命啊。

问诊寻因

地球人都知道，女生节听起来比妇女节感觉好得多，原因是女生是和草地、阳光、栀子花、白裙子联系在一起的，妇女则让人联想到灶台、锅碗、尿布和大减价。所以凡是保留一点自尊心的女性决不会甘心放弃自己的形象，做个蓬头垢面的家庭主妇。

美妈靓妈，我们要的是美是靓，但是我们也知道美妈靓妈，总归还是妈。就算当妈，含辛茹苦奉献自己不是当代女性的质量验证，光鲜自信有资本任性才是为人娘亲的荣誉勋章。俗话说，言传不如身教，当妈妈的最能教给孩子的不是我为你操心辛劳奉献良多，而是你看老娘傲娇洒脱横刀立马所向披靡绝非怂包。贤妻或女王，模式随意切换。当妈的展翅勇敢高飞，当娃的就不会唯唯诺诺夹起尾巴做人。所以，要坚持美丽要心口挂个“勇”字，是一个妈妈应该有的自我修养。你希望孩子人生精彩，你自己怎可以甘心黯淡。

所以每逢家长会、兴趣班什么的，妈妈们别动不动就拿自己的孩子和别人比，别让别人家的孩子在你家宝贝内心制造心理阴影。正所谓，你行你上啊，要比你去比啊。你是不是比别人家的妈妈更温柔秀雅有修养，更年轻窈窕有气质，更神采奕奕有气场。你要是自觉形象内涵拿不出手，凭什么你家孩子要被推出去替你扳回一局。所以任何一个踌躇满志要去参加家长会，要替孩子报兴趣班的妈妈，如果有人对你说，任何一个妈妈聚会都是比美大会，都是华山论剑、都是“美在花城”、都是高考放榜。你觉得如何？什么？你觉得“鸭梨山大”，觉得争奇斗艳非常庸俗、钩心斗角低级趣味？切！那你整天说谁谁谁考了多少分，那谁谁谁钢琴十级就不庸俗、就不低级趣味？己所不欲勿施于人，好吗？有一个懂得把焦点放在自己身上的妈妈是孩子的福气，与其妈晒娃：我家宝宝最聪明懂事，不如娃晒妈：我家妈妈最美艳动人。让妈妈自我修炼让孩子没心没肺吧，你可以为孩子贡献一个没有阴影的童年。

一个妈妈的良好修养是应该致力于发展自己，而不是只会盯着孩子。从这个意义上说，欢迎各位妈妈乐于比美，勇于炫富，每个人都好好做自己就不会对别人闲操心瞎扯淡。同理，路人的评头论足都是过眼云烟，我要自己活得爽，管你眼光是否异样。

大补鸡汤

与其化完妆又补妆，一时知性风、一时名媛风，最为自由解放的模式是把魔镜摔碎。穿上新衣，不必问导购小姐，也不必问魔镜魔镜谁最美。问世间是否此山最高？老娘就是最美！问世间始终谁待我好？我最爱自己无难度！ 这种强悍心态是你走进家长会的最好装饰，是你可以给孩子的最好礼物，是你快意人生的最大资本，是你冲杀人类丛林的最佳指南。

人生如果是一场不断打怪升级的游戏，为何不选择华美的画风和任性的人生，勇敢做自己，不知看官你意下如何？

11

妈妈之间为什么爱比惨？

你有什么不开心的，说出来让大家开心一下吧！

情景回放

小明妈妈最爱看类似“周一见”的娱乐新闻。看到明星们小三层出不穷，家暴欲盖弥彰，小明妈妈就会兴趣盎然：哎呀，明星人前看着光鲜，背后生活污糟得很呐。你看我们小区的谁谁谁，原来她呀……

问诊寻因

对女性来说，秘密从来都不是拿来保守而是拿来交换的。彼此知道秘密的两个女人算是交了投名状的绿林好汉，入了会可以被看作是自己人。那么在八卦流通市场里什么样的秘密最受欢迎呢？就是那种风光浮华背后的各种辛酸隐忍和狼狈不堪吧。女性的同情心其实从来都不会花费在同性身上。她们很乐于揭开同性身上华美的衣裘张望里面是不是藏着虱子。

所以，一个女人肯向另一个女人倾诉她的苦恼，那简直是莫大的爱和接纳了，这表示她信任你的智商认同你的品位，是在含蓄地表示我把你引作知己，你和我是一个段位的。如果这个倾诉的范围再扩大一些，三五成群，竟然开成了闺蜜之间的比惨大会，那就是桃园结义歃血为盟，要下山干一票大买卖的节奏。

那么比惨大会真的是一场团结的大会、奋进的大会吗？它的胜利召开真的能增进女人之间的理解、促进她们的友谊吗？毕竟女人这种生物是这么虚荣又玻璃心。如果你希望看到大会圆满落幕，建议参加会议的你注意以下几点：

一、你知道吗？女人真是非常虚荣的，她就算去比惨也是要赢的。如果她抱怨上个星期不幸感冒了，你接着说你一直被偏头痛折磨得快疯掉，然后大家都附和你说偏头痛真是不能忍，顺势还开展了偏头痛和生理痛的相关讨论。相信我，一定有人会因为被忽视掉的感冒暗暗记恨你。在一个女人倾诉她的多愁多病身的时候，你只能表现为她着急心疼乃至痛惜的样子才是合格的朋友。这样的技能，你“get”得到吗？

二、眼前的黑不是黑，你说的白是什么白，比惨大会里的惨不是惨。从“我老公应酬多得要命，阿猫阿狗都找他帮忙烦死了”到“老师打电话来叫我家长会一定要去还要介绍经验，我哪懂啊”，这些抱怨，谁认真谁就输。这种晒命的节奏谁能跟得上，说好的比惨呢？说好的做彼此的天使呢，亲，没有搞清大会内容贸贸然发言可是要给差评的啊！

三、比惨大会的宗旨是知道大家都活得不容易我就安心了。

会议的核心内容是你有什么不开心的，说出来让大家开心一下。所以，你越是声情并茂、声泪俱下控诉人生艰难就可能会当选大会常务委员。但是回过头来你发现，唉！好一群只共患难不同富贵的朋友啊！当我有什么开心事想跟大家分享的时候，为什么你们都哪壶不开提哪壶，专门朝我的伤疤上撒盐啊？而你的朋友又会不满：说好的老公性冷淡呢？说好的儿子上网成瘾呢？说好的公司后辈年轻貌美不分尊卑呢？现在怎么活得兴高采烈？欺骗我们的感情？哼！

大补鸡汤

所以啊，凡是辛苦都是勉强，凡是要比都不是真爱。总有一些人你在她面前不需要费力维持自己的美好形象，总有一些朋友她不计较你飞得高不高，只关心你飞得累不累。女人也不是只会为难女人的，不需要你出卖隐私拉近距离，也会有人对你真心关爱，体贴入微。

12

高考之前如何防止“妈癌”大爆发

全员戒备只因家有高三娃。

情景回放

小明的姐姐上高三了，全家进入高度警戒状态。小明走路大声会被骂，晚上看电视会被骂，小明觉得很委屈，姐姐考个试，为什么全家人好像都不能好好活的样子呢？小明还感到一种莫名的紧张：如果自己到了高三，那该怎么过呀？

问诊寻因

都说千军万马过“高考”独木桥，都说十二寒窗一朝决胜负。如果可以的话，爱子心切的妈妈们恨不得捋起袖子替孩子上场厮杀。可惜，绝大多数家长到了高三这个阶段对孩子的学习基本两眼一翻完全抓瞎。学习上帮不上忙，妈妈们无穷无尽的控制欲和焦虑情绪该如何抒发？偏偏孩子大了，不喜欢听唠叨，妈妈们完全是唇焦口燥呼不得，举杯浇愁愁更愁。

其实，妈妈忘记了，记不住知识不奇怪，孩子难免会疲倦。

妈妈可以试想一下，自己是不是过目不忘，一句话听一遍就牢牢记住。还是痛快承认吧，你也不是这样的天才。你向孩子提出的各种要求，放在你自己身上也是挺难做到的。

而且，孩子并不想失败，他的痛苦要比你更甚，因为这是他的失败。在大大小小的考试测验中，最在意成绩的人就是孩子自己。有时你会有种错觉以为他脸皮厚，毫不在意失败。你看不到他们的痛苦并不代表他们不痛苦。不是孩子不够努力，是他学习上真的存在困难。即使他真的不够努力，那你也要看到，至少，努力对他来讲是很困难的。家长应该首先看到他的无能为力，对他表示理解，而不是批评和打击。

孩子的努力没有失败，测验卷上的红叉是为了告诉我们，还有哪些地方要改进。

任何一个终点其实都不是终点，每一次失败也并非最后的失败。成绩好是为了肯定我们过去的经验值得坚持，成绩不好是为了告诉我们，还有哪里需要反省和改进。一切的测验考试于我们的价值都在这里。我们作为家长，不要去强化测验的打击力量，而应该把它转化成正面的力量。每一张卷子都有很多心得经验有待我们去发现，它们都有益于我们的进步。

如果把高考的意义上升到人生只此一次机会，没有人能在这样的压力下完美胜出。

漫漫人生路，难免错几步——抱着这样的心态看待青春，反而容易释然。家长对孩子掏心掏肺有时还不如没心没肺：我没把这看作天大的事，你也就不必患得患失。

既然这不是什么天大的事，家长又何必整天开着雷达，高速扫描孩子是不是自觉勤奋，不放过任何一点看似松懈危险的信息。

大补鸡汤

最重要是做更好的自己。

就算是高考也不是最终的结局。我们只是怀抱热爱生活的心态去学习去经历，人生始终有不可限量的可能性。所以重要的是，今天的我比昨天好一点，永远追求更好的自己。抱着这样的心态去迎接高考，才不会以为自己背水一战，一旦失败万事皆休，才能够在往后的日子里迎接更难于高考的挑战。

我们始终要首先以孩子的立场看问题。因为是他们去考试，是他们去迎接挑战，是他们最终夺取胜利。而我们要做的就是在孩子惊慌回头看我们时始终保持微笑。

我在这里，爱你，信你，陪着你。

13

在我眼里你是这样好

给我一个机会在你面前做好人。

情景回放

小萌的妈妈有一次家长会向老师告状，她说，小萌在家里非常懒，每天洗澡刷牙洗内衣都要妈妈催很多次才肯起身去做。老师听了很意外，老师说小萌在学校很乖很勤奋，中午总是偷偷跑来办公室帮老师改作业。妈妈和老师越说越觉得疑惑：我们讨论的是同一个人吗？

小萌妈妈说，果然孩子还是要交给别人教，我的话她一点都听不进去啊。

老师说，小萌之所以在我面前那么积极，是因为在我面前她有重新做人的机会。

问诊寻因

很多家长会发现，孩子对老师的话奉若圣旨，但对父母的教导却当作耳边风。老师表扬一句孩子都会乐半天，但是父母夸奖孩子，孩子却不以为然，说你假惺惺。

父母总觉得自己对于孩子人生的规划有着正确的意见，但是孩子却总是不认同的时候居多，年龄越长，叛逆越厉害。

相处越久，成见越多，这也许是孩子听不进父母劝导的原因。你总是这样看待我以及你总是不听我的，这两种想法和情绪在彼此的头脑里根深蒂固，一旦相遇总会产生矛盾。父母会抓狂：我苦口婆心你却云淡风轻，皇帝不急太监急；孩子会委屈：无论我怎么做你们都不会满意，欲壑难填，永远鸡蛋里挑骨头。

这种情绪日积月累，从幼儿园时，今天天气很冷你不能穿裙子上学，到小学阶段，放学回来你要先把作业做完才可以看电视，到中学阶段，你不能一边听歌一边做作业。在这些分歧和争执中，大家都看不到事情的利弊得失，本身有没有更好的解决方案，也不在乎事情轻重缓急是不是原则性问题。爸爸妈妈一下就会愤怒为什么你总是不听我的，孩子一下就会烦躁为什么你总要我听你的。所有意见讨论最后都变成一触即发的战争。

虽然彼此有着最紧密的血缘关系，但是毕竟是两个截然不同的个体，只要是不同个体，意见不同是必然的事情。如果亲子双方都没有承认和接受这个真相，大家都会忍不住对对方产生反感和对抗。

在小萌妈妈这一方来看，小萌越不想洗澡妈妈越要催。可惜妈妈越催，小萌越懒越被动。

于是，小萌妈妈觉得问题越发严重，她越会加大催促和监督的力度。

那么，为什么老师就不会有这个感觉呢？因为，老师眼中的小萌，没有问题。既然不带积怨成见，双方自然相处愉快。

在你眼里我是这样好，我愿意为你做得更好；但如果你已经把我看得很糟，我实在很难挽回形象，漠然便是我的回应。

在学校里，学生大都会对新老师满怀好奇，他们欢迎新学期新老师的到来。除了出于对未知的兴趣，还有一点原因就是每一个新老师的到来，都是学生重新书写形象的机会。你我彼此感觉陌生，你不认为我有问题。这种感觉有时非常珍贵。

大补鸡汤

我们是最亲爱的人，但彼此积怨也最深。这是多么悲伤的情况。

想要解决问题的焦虑往往比问题本身更为困扰你的生活和亲密关系。

当你把孩子看成是一个有待解决的问题，一个必须改正的错误。家长的纠错功能越强大，孩子的心理压力也就越大，长此以往，亲子之间很难形成真实、温暖的交流。

想想看，如果孩子厌学不想上学，家长致力于让孩子重新回到学校，而不是关注他厌倦抑郁的感受，那么无论家长多么努力想要解决问题，那都是南辕北辙，注定越用力越糟糕。

要知道，孩子是一个渴望爱，会受伤的生命，不是一个有待更正的错误。

14

亲子关系里的傲慢与偏见

孩子比你想象的更爱你。

情景回放

小明看到一份报道说：周星驰小的时候家里很穷，周妈妈常常自己不吃肉把肉留给年幼的周星驰吃。有一次周星驰把周妈妈特意留给他的鸡腿扔在地上，周妈妈见状忍不住打了他一顿。多年以后，周星驰在访谈中谈起自己这样做的原因是，只有自己咬过或者不吃的肉妈妈才会接过去吃，因为想让妈妈吃肉，所以周星驰故意把肉弄脏。真相大白，母子两人抱头痛哭。

小明的妈妈感叹：巨星也有艰苦童年。小明却说，最亲不过母子，为什么有话不直说？误会几十年，好可惜啊。

问诊寻因

我们并不习惯对自己最爱的人坦白，哪怕是表达爱意。明明是想让对方多吃一点，却偏偏采取了这么别扭怪异的方式。明明是儿子一番心意，妈妈却简单粗暴地理解为顽皮浪费，最后以饱揍一顿收场。

是什么让我们这样羞于表达自己的爱呢？一种情况是，父母爱子女，自古以来天经地义，我不说你也该知道。中国人信奉讷于言敏于行。说是花言巧语，做是脚踏实地。父母觉得，我照顾你的起居饮食、生活细节，为你百般打算，这番用心你不可能感觉不到。所以爱，不必说。可是换做孩子的角度，我说饱，你说营养要均衡；我说热，你说天气会变冷；我说想休息，你说业精于勤荒于嬉。凡事提意见，样样不放心，你的爱我感觉不到。

另一种情况是，中国父母相信严格要求出人才。柴静采访药家鑫的父亲药庆卫，药庆卫说，这么多年他从来没有鼓励过儿子，这是他的教育方法："他非常热衷干的事我都会打击他，我就是不让你过热，我就想浇点凉水，不要那么过激。" 而在药家鑫临刑前，他们见了一面，药庆卫回忆："进去以后药家鑫已经坐在那儿了。我一走进去他就是'爸我爱你'，重复了好几回，我说我知道，我也爱你，你不要说了，我知道，我也爱你。"

爱如果早点说出来，很多伤害可以避免、可以疗愈。但是只批评不鼓励的教育在当今社会还是有很大市场，为人父母，要有威严说一不二、一言九鼎，在生活里总怕孩子骄傲怕孩子娇纵，爸爸要当黑面神，妈妈也怕慈母多败儿。于是心里的爱，从来不会说出来。

更糟的情况是，做父母的本身在童年时期，就不曾亲耳听到过自己的父母对自己示爱，他不能把自己没有得到过的东西给予他的孩子。如何做一个温柔的妈妈，怜子如何不丈夫，家长本身也没有体验。他只有重复幼时的印象去做一个生硬的冰冷的抚养者。

因为生育的关系，父母总对孩子怀着一种“我懂得你的一切”的傲慢；出于教育的需要，父母又总对孩子怀着一种“一不小心你就会变坏”的偏见。年幼的周星驰不过是想说：妈妈，我也想让你吃点好吃的；他不懂得直接说出来。也许是他因为也没有听过妈妈对他说温柔的话。

大补鸡汤

爱要怎么说出口？放下傲慢，摒弃偏见，看看我们眼前真实的孩子，他经由我们来到这个世界上，对我们怀有全然的信赖和依恋。父母未必能够无条件地去爱孩子，但是孩子却一定是无条件地爱着父母。从他呱呱坠地到牙牙学语，他经由父母的带领去认识世界、认识自己。每思及此，难道你不能蹲下来，对面前的孩子说一句：爱你，愿你相信，全世界都在爱着你。

终有一天，我会离开你，愿你知道这个世界会代替我继续温柔说爱你。

15

当你望向我，我感觉到爱

爱是成全和理解。

情景回放

小明的学校最近举办校运会，各班自己设计班服，学校组织在网上票选最美班服。于是小明们纷纷为自己的班服摇旗呐喊，四处拉票。小明的爸爸知道以后，也在自己的朋友圈转发了这条消息拜托各界朋友为小明投票，说“儿女债，大家懂的”。小明看到后觉得很感动，他说，看到爸爸在意我在意的事情，感觉很幸福啊！

问诊寻因

有人说多年父子成兄弟，但也有很多家长觉得孩子大了，什么话都听不进去。一道无形的隔膜横在亲子之间，孩子回到家就关上房门，到吃饭时间才出来，家成了旅馆，爸妈成了服务生。青春的叛逆有时真叫人难受，明明是至亲骨肉，偏偏成了冷漠路人。多说一句，孩子嫌你烦，少说一句，自己憋得慌。聪慧如龙应台也说为人父母，望向孩子走远的背影“不必追”，但是委屈的妈妈说，我不是想追啊，我只是想和他说说话，聊聊天，为什么我们就聊不到一块儿去呢？

为什么我们聊不到一块儿去呢？孩子爱上了网络小说，妈妈说什么东西啊，要看书当然得看经典《巴黎圣母院》《红与黑》啊。孩子喜欢漫画Cosplay（角色扮演），爸爸说红红绿绿的搞什么啊，妖里妖气。孩子喜欢玩魔方加入了手速社，妈妈说，不务正业，玩那个有什么用啊。孩子想买新球鞋，爸爸说又买？原来那双不是挺好的吗，你可别学人家追潮流啊。长此以往，大家当然聊不到一起去。孩子喜欢的事情在父母看来要么面目可疑居心叵测，要么幼稚荒诞不值一提。换做是你，你愿意和注定抱持怀疑甚至否定态度的人聊聊你的爱好和梦想吗？恐怕你也会选择把心门关上，一字不提。

父母总是忘记，时代的变换决定了两代人的口味不可能一致，村里小芳的造型早就已经不再流行，李宇春这样的帅气长腿女生赢得大批受众。

所有在爸妈看来俗气幼稚危险的玩意儿，可能就是你家孩子的心头好，就好像孩子同样地也鄙夷你的审美着装老套乏味。

怎么办？真的能够为此打一架吗？不可能啊。与其站在河岸这边责备孩子不过来看《红与黑》，不如走过去看看他喜欢的《哈利波特》《盗墓笔记》到底好在哪里。说不定两人聊着聊着孩子也就愿意到你这边看看了。孩子反感并不完全是你批评他的口味，而是你根本没有去做了解就妄下判断。哪怕多年以后他幡然醒悟，甚至惭愧自己的品位实在不佳，但父母的武断和居高临下的姿态依然会叫他不能释怀。

对父母来讲比较残酷的事实是：如果你不走过去，追不上的始终是你，孩子是不会回到你的时代来追随你的喜好的。因为他有他的时代。

大补鸡汤

所以，不妨多向孩子看齐。当孩子感觉到你在向他靠拢，光是尝试的姿态就已经很叫他感动了。不一定真要彼此兴趣一致，但是我们互相靠近的努力就是爱意啊。

凡是你喜欢的我不嘲笑；凡是你看重的我也很在意，凡是你想追求的我会想要去帮助你。孩子，就是这样，我不可能完全懂得你，但是我愿意一直学习，去认识你和理解你。即使日后追不上了，遥遥相望，你也是我眼中最美的风景。

16

齐天大圣的筋斗云

更多时候坏的不是孩子，是你的思想。

情景回放

据说小明小的时候，有一次哭闹着要妈妈买棉花糖。妈妈说："你不是刚买了糖人吗？你看手里的孙悟空多好看，还不赶紧吃，为什么还要买棉花糖？"小明就是不依不饶，妈妈从好言相劝到不胜其烦："你这孩子人不大，心真不小，怎么这么贪心啊！手里拿一样还想着另一样？"小明不停地哭泣，妈妈从发火又到屈服，最后还是给小明买了棉花糖。

小明笑逐颜开，拿着棉花糖放在糖人孙悟空面前，说："大圣，你的筋斗云来了。

小萌也有和小明相类似的遭遇：小萌画了一幅画给老师看，上面有蓝天白云飞鸽草坪，大人小孩在草坪上玩耍聊天坐着站着跑着。老师对小萌说："画的颜色挺丰富的，但是你要记住喔，草地是不能踩的，踩踏草坪是不文明的行为。"

问诊寻因

成年人总是很担心小孩没人教会学坏，因此会抓紧每一个时机教育孩子。殊不知，孩子的心里本来就没有坏心眼，把事情想坏的是大人本身。

有句老话说小时偷针大时偷金，很多家长深信不疑。他们注重防微杜渐，教育从小时抓起，从细节做起。这个想法本来是好的，但是如果将孩子的每一个行为都视作潜藏了他日后变化的危险，都当作孩子恶习的苗头和预兆来严防死守、谆谆教导的话，那么家长倒是有可能如愿收获一个坏小孩。

小萌本来在画里只是想表达大家开开心心在一起，在美丽的大自然里。小明也只是为他心爱的齐天大圣搭配一朵雪白的筋斗云。那么，踩踏草地，贪得无厌得陇望蜀的事是谁干的呢？是天真烂漫的小朋友，还是那些一心要教导他们循规蹈矩的成年人。我们不妨扪心自问：家长那些担心到底从何而来？那些不文明的举措，那些贪婪的动机，我们的的确确在小孩子身上发现过看到过吗？难道做出这些事情的不正是大人吗？我们因为在成人世界看到太多的野蛮和丑恶，心中有了厌恶警惕，所以会提防和拒绝。

然后当我们在小孩子身上看到似乎相类似的场景时，我们就忍不住会上前提醒：孩子你不要作恶啊，不要成为那些贪心又丑陋的大人。但是我们忘记了，孩子本来就是一张白纸，他们的心中并不存在我们担心的恶。就像家长看到小男生小女生走在一起玩耍，难免又担心男女有别。其实两小无猜，孩子的感情本身是纯洁的，有

所忧虑的是思想很“污”的大人。不要去取笑手拉手的小男孩小女孩，看过三级片有过性幻想的是大人，不是孩子，孩子的脑中还没有产生成人想象出来的画面；不要去责备孩子哭求买玩具，追求名牌恨不能坐拥金山的是大人，也不是孩子，一堆泥沙就可以让孩子高兴玩一天。

大补鸡汤

言传身教，能够使孩子保持良好道德的唯一办法是，你不要在孩子面前行恶，不要成为一个坏人。

我们心中可能对现实社会有很多恐惧和嫉恨，职场上的倾轧，人际关系里的虚伪，贪小利，填私欲，即使我们曾感受过这个世界满满的恶意，也不应以最大的恶意去揣测这个世界。

但是，请记得，你眼前的孩子眼神纯净，不谙世事。

但愿我们能纯净如初，不曾污染到我们的孩子。

17

少年太多愁滋味

他正在经历的就是痛。

情景回放

小明最近非常烦恼，小明爸爸问了几次以后终于知道原因：小明和他好朋友的前女友出去吃了一顿饭，被朋友撞见，大家嘲讽他罔顾兄弟情谊，违反了“朋友妻不可欺”的交友原则。小明再三强调他对那个女生无意，两人只是碰上，女孩子邀请他一起吃饭而已。但是小明还是遭到了朋友们的杯葛。而在这个风波中，女孩子又再次对小明发出邀请。小明不知道自己该如何回应。小明爸知道后对这样的少年烦恼不屑一顾：这有多大事儿啊，只要你不是早恋就行。别人笑你随他笑呗，想太多会影响学习。

小明听了这样的劝解以后觉得更加郁闷了。

问诊寻因

古人说，少年不识愁滋味。其实这话并不恰当，任何一个年龄都有属于他自己独有的忧愁和烦恼。婴儿尿湿了妈妈没有发现，这就足够襁褓中的婴儿苦恼烦躁哇哇大哭了。成年人不能因为少年的烦恼听上去就不值一提，跟失恋、失婚、失业、失禁比起来根本不是一个等级就轻视它。

譬如小明的烦恼，爸爸之所以觉得不是什么大问题，第一，是因为他没有把小明的朋友当成一回事，他觉得你跟谁玩不是玩啊，有什么大不了的。第二，他也没把小明的困扰当回事，只要能照常吃饭睡觉做作业，小明心里的起伏波动都是小孩子幼稚可笑小题大做。

对于一个小孩子来讲，旁人一句“你的爸爸妈妈不要你了”可能就是灭顶之灾。但成年人依仗自己虚长几年所获的人生经验，以为小朋友的认知水平不如自己，所以他们的烦恼也就只是井底之蛙、小菜一碟。

就像小孩互相抢玩具，大人说这有什么好抢的。可是对孩子来说，这玩具的意义不是大人眼中的五块钱一个的小皮球。这小皮球在孩子眼中代表新奇和快乐，是新大陆一样的存在。而妈妈却认为这是街边小店的劣质产品，有什么好玩的。

亲子相处，最难做到的莫过于“设身处地”四个字。

对小明来说，他遭遇了一次人际交往危机。因为一个他百口莫辩的偶然事件，他失去了同龄同性朋友的信任，遭遇嘲讽。那个女孩子态度模糊，小明不好意思拒绝，又不敢再答应，进退失据，不知所措。他对异性朋友应该如何相处也感到茫然和困惑。这样的情况确实足够一个十几岁少年烦恼了。

小明爸爸认为清者自清，只要小明不谈恋爱不影响学习就好。

但是对小明来说，这是他整个朋友圈的崩塌，复杂混乱程度远超过解数学方程式。当你处于辩白却被嘲笑，愤怒又会使事情恶化的境地，你到底可以怎么做呢？而你身边的亲人居然还漠不关心，以为不过是小儿科。当中的孤单和不平无人理解，少年感受到了世界的恶意。

大补鸡汤

教育专家说，大人和小孩说话应该蹲下来。以孩子的角度观察世界，才能了解到孩子的心情。就算父母师长觉得自己吃盐比孩子吃饭还多，走过的桥比孩子走过的路还多，但也请你学习“蹲下来”。

大人所觉得的“你这根本不算什么事”其实是你没有设身处地去想他到底遇上了什么事，在这旋涡中他又是什么样的心情。

每一种心情都渴望被好好聆听和抚慰，而不是遭遇忽视或者嘲笑，每一个大人都是这样想的吧。那面对比你弱小稚嫩的孩子，他信赖你依赖你，把他的烦恼托付于你时，你又会怎么做呢？

18

所有的不合理背后还是在呼唤爱

请倾听，别急着下判断。

情景回放

小明本来是重点班的学生，最近学校按排名班级重组，小明没有能够继续留在重点班。这个假期他过得很失落。在新学期开学前小明和妈妈去散步。妈妈以为小明会说下学期要更加努力这样的话，结果她听到小明说，妈妈，我想要一部更新更炫的手机，你能给我买吗？

妈妈听了很意外，心中隐隐有怒气：都这个时候了，你到底在想些什么啊？！

妈妈觉得小明的要求很过分：你本身在用的手机还好好的，现在成绩不好，我都还没有说要没收你的手机，你倒好，还要买部新的？我和爸爸在用的手机都是能通话微信就足够了，为什么要买一部最新最好的给你？

但小明似乎没有意识到自己的错误，这一回他异乎寻常地执拗。

问诊寻因

所有孩子的不乖，其实都是一种需要爱的表达。按照常理所做的判断未必符合实际情况。你以为的就是你以为的？其实不然。

在这个例子里面，小明因为成绩不够理想不能继续留在重点班，对一个在应试体制里生活多年的人来说，失落和抑郁是肯定的。在失落以后要励精图治、发奋图强，也是大家依照惯例可以预测到的。但是小明没有向妈妈表决心，这一点会奇怪吗？

一点都不奇怪。他是一个十几岁的少年，他有自己的尊严。他想这样做不代表他一定要告诉你他会这样做。家长想听到孩子这样说，无非是听了就觉得心安，但是如果你足够了解你的孩子，这句话说不说出来很重要吗？他不说就等于他不知道、不懂得吗？自己在学业上遭遇失败已经是很难堪的事情了，为什么非要希望他诚恳表白、深刻剖析、自我痛下决心呢？勾践卧薪尝胆的时候也没有向全世界瞎嚷嚷说他要重新做人卷土重来啊。所以小明不说，不代表他不想。想听他说，是父母师长自己内心焦虑不淡定，想让孩子表明决心来缓解你的不安。自己的情绪自己管，留一点空间给孩子，不打扰，默默陪伴。

再来看，小明提出要买一部新手机，这个要求看上去在当时来说是挺不合理的。那妈妈就要问问自己，我的孩子是一个这么追逐新潮手机，没有分寸的孩子吗？你觉得他这个要求很过分，不就是说明在家庭的教育认知里，各位成员都有共识对物质需要比较平和，不会太过索求。家长在气愤的时候尤其要记得问问自己：你养

了一个怎么样的孩子你自己清楚不清楚？他到底是不是你所想象的那么糟糕的人？这个要求有点过分，那么他为什么还会提出，而且很执着？

小孩子会通过无端的哭闹来确认父母的爱：即使我攻击你，你也会包容我爱我。恋人有时也会这样测试：即使我这样做，你也还是会接纳我爱我。小明也是如此。他可能自己都没有意识到：他对新手机的执着其实源于他想确认父母的爱。即使我失败了即使我现在不够可爱，但你们还是爱我的。我希望看到你们满足我的要求，一个挺过分的要求。在这个充满挫败和自我怀疑的时刻，我需要确认你们的爱。

大补鸡汤

不要急着生气，不要轻易下判语。

当妈妈能听到孩子的心声，你就会明白，这不是一部新手机的问题，也不是浪费和节俭，正确和错误的问题。这是一个孩子对于爱的呼唤：妈妈，现在我觉得自己很糟，那么你还爱我吗？就算我这么糟，你也会爱我的，是吗？当你听到这样的呼告，要做的事情不就是积极回应他吗？

这根本就不是买不买的问题，一个新手机在这里代表一个印戳，一个大大的关于爱的印戳。

每个人都会有自己特有的表达方式，向来沉默认真的小明就是这样表达自己的脆弱和渴望：请你继续爱我。

那就替孩子重重地盖上这个印戳！嗯，无论在什么时候，我都爱你，你在我眼里都是这样好。我相信你！

小明的妈妈最终给小明买了手机。出乎她的意料，开学后，小明主动把手机交给妈妈保管，他说我并不需要用这么好的手机。然后在这个学期里，小明考出了他入学以来的最好成绩，那个自信又积极的小明重新回来了。

这是一个真实的案例，希望不是一个少有的案例。

19

不听话的孩子是个宝

孩子懂事是因为大人想省事。

情景回放

小明的妈妈常常抱怨小明是个混世魔王，据说，她在最烦恼的时候想过要找催眠师给小明催眠，还想过在家里装个监控，好知道小明在家里有没有偷偷玩电脑，有没有在乖乖地做作业。小明的朋友小萌和小明不同，她非常乖，从来不会违逆父母师长的意思。但小明常常取笑她在念小学的糗事，小萌小时候曾经因为不敢报告老师自己想上厕所，结果在课堂上尿了出来。

问诊寻因

很多人想要一个懂事乖巧的孩子，想要他听话，按时吃饭睡觉，自觉做作业，预习复习不用提醒。据说不爱睡午觉的小朋友在幼儿园尤其不受老师的喜爱，因为这样的孩子给老师添了很多工作负担。有人这样要求自己的孩子：不睡，你就乖乖躺着，不动，不要吵到别人。这样的要求看上去很合理。但是我们不要忘了，不是所有人都需要在白天午睡的。人，有决定自己要不要睡觉的自由。哪怕他的年纪还很小。如果说在幼儿园，老师确实没有办法兼顾管理那些不爱午睡的“极少数”，因此那些不习惯午睡的孩子被迫要不动不吵清醒地躺两个小时。那么在家里，大人会不会也有为了自己方便就要求孩子做这做那，当大人觉得自己的要求合情合理、理所当然的时候，有没有想过，所谓要懂事，给孩子带来的就好像那不能吵不能动的午睡两小时一样的煎熬和委屈，甚至是更严重的伤害。而大人所要求的“乖”，很多时候并不符合孩子生长规律，只不过是为了大人自己方便省事罢了。譬如对一个热衷煲剧的妈妈或者身心俱疲的爸爸来说，不缠人自己默默在一边玩的孩子，当然是好乖的。又譬如说，妈妈生了二胎，爸爸却有了外遇，九岁的哥哥很懂得照顾小弟弟减轻妈妈的负担，是“最好最乖的哥哥”。在这暗涌不断的家庭里，大人都忘了，那个小哥哥也只有九岁。这时候小孩的“乖”折射的是大人的“不作为”。

一个安静的孩子当然比一个好动的孩子更好带，一个每天睡12个小时的孩子当然也比一个每天只睡8个小时的孩子更省心，问题是不是所有孩子都需要睡12个小时乃至更多的时间，也不是每个孩子都愿意安安静静地坐着而不去撒野乱跑。这本来是孩子自身的个性特征使然，但却成了评判他们好坏的标准。

孩子不懂也不敢理直气壮地对大人说，我不愿意，因为我觉得不舒服，很有可能在他的成长环境里并没有得到直接表达自己需要的支持和鼓励。他们得在大人要求的时间里吃饭、洗澡、睡觉，按照老师和家长的要求抄写、背诵、做题。孔融让梨的故事传颂千古，如果一个小孩，拿到糖果就会想我咳嗽不可以吃，碰到新奇的玩意儿就说我可不能碰以免搞坏了，明明很困却知道要多写两页作文才可以得到老师的夸奖，当孩子想做任何事情的时候脑海里首先想起了妈妈的声音，他就会被大人评价为很乖很听话了。

可是这样的小孩，没有小孩样儿，他的好奇好动，他的莽撞天真，都在“懂事”的要求里被抹去了。如果一个孩子很乖，那一定是因为他知道，“不乖”的自己不能得到关注和爱。

大补鸡汤

所以，从某个角度来说，乖孩子很可怜，因为他虽然年纪小，但却早早学会了迎合大人的需要。因为大人的疲惫和烦躁，孩子压抑了自己的天性，成了照顾父母的 “小大人”，而父母却成了任性提要求的“孩子”。而那些“野孩子”却有一种自信：我这样做或那样做，都是可以的，因为我被爱着。

孩子，我爱你，所以我凡事会先考虑你的感觉，尊重你。尽管这样会给我带来一些麻烦，但没关系，因为你是我的宝。

20

培养，培养，孩子就该陪着养

如何把孩子从电视机前拉走。

情景回放

小萌很爱看动画片，妈妈为此很烦恼。有一天，外公来看小萌，他问小萌：小萌，咱们去公园玩，好吗？小萌，你是愿意和外公去公园还是在家里看电视？小姑娘抬起头高兴地说，我要和外公去公园玩。

问诊寻因

如果你想孩子远离电视、电脑和手机，那么请给她有质量的陪伴，和人在一起玩是要比和机器游戏玩来得有趣的，因为前者有感情的交流。如果孩子不喜欢和你玩，那只是因为你没有给她足够的情感共鸣。

那么问题来了：什么是有质量的陪伴？

很多妈妈爸爸抱怨孩子玩手机，可是啊，在批评孩子，喝令孩子关掉手机的同时，家长手里很可能就是拿着手机在刷朋友圈的。

人在心不在，不是一种有质量的陪伴。如果你的孩子喜欢手机、电视多过喜欢和你玩，反省一下自己是不是和孩子待在一起的时候没有走心。

孩子画了画，你敷衍地说，喔好厉害，好美啊；孩子邀你一起做手工，你说，你自己玩啦，妈妈有事做。还有，你把孩子带到酒楼咖啡厅，你和朋友兴高采烈地聊天，孩子说，妈妈，我很闷啊！你说，乖，自己玩一会。妈妈，没有东西玩，我们走吧。这个时候你会做什么，把自己的手机递给孩子，不要吵，给你玩一会儿。是这样吗？我想，这是很多妈妈会做的事情。想象一下，我们是不是曾经这样做过。

陪伴要看得见孩子的本身，什么是真正的“看见”？

孩子打篮球回来，你看见他一身汗很兴奋，你会怎么说？

孩子的作业本丢了，他很懊恼，你会怎么说？

你说，打篮球好啊，锻炼身体，能长高，但注意不要影响学习喔。出了汗赶紧换衣服小心感冒。

你说，作业本丢了？该！我早就告诉你，自己的东西自己要收拾好，你看现在丢了吧，我可不管你，你自己想办法。

想想看这种话，是不是很熟悉？

换做是你，你的东西丢了，正是懊恼的时候，别人这样对你说，你会觉得我要吸取教训，我以后要把书包整理好么？

你玩得正高兴，别人提醒你注意学业不可荒废，你会觉得，哇！她提醒得很对，我赶紧去做作业么？

肯定不会。

人在这一刻，不需要道理，只需要共鸣。共鸣，就是“看见”，就是我看见你开心，我也很开心；我看见你着急懊恼，我也很着急，很明白你的懊恼烦躁。

看见就是“我懂”。

知道你懂我，感觉到你理解我，其实这个时候，不是要讲道理，道理什么时候都不必急着讲。你知道我懂你，和你站在一起，那么我的担心我的爱你都接收到，我们彼此是一致的，就没有什么话非要以说教提醒的方式讲出来。

如果妈妈说，我没有能力看见怎么办？我工作一天我也很累，我不想陪伴，我想有自己的时间和空间。

有这样想法的妈妈很多，很正常，你的要求很合理，不要内疚，也不必勉强。你如果电力不足血槽已空，你看孩子看都看不顺眼，就不要说有质量的陪伴了。累了不要做饭，出去吃一顿；困了先睡一觉，家务不要急着做。把自己照顾好了，你才有能力给孩子有质量的爱。你的枯竭可能会造成孩子的噩梦。陪伴不是24个小时事无巨细随传随到，它重在质量，古人说，金风玉露一相逢，胜却人间无数。我们稍微借用一下，大概就是这个意思，就算时间不长，但是亲子之间状态都好，哪怕相视一笑，孩子都会觉得很满足。

譬如睡前共读一个故事，一起完成一幅画，孩子哭的时候你抱住她说妈妈知道了，你现在很伤心。这些都是有质量的陪伴，孩子都会从中得到能量，以及爱的信心。

大补鸡汤

我们希望孩子快乐而且成功。那么一个孩子获得成功和快乐的力量来自哪里呢?

来自于他得到的无条件的爱。他知道，我是值得被爱的，我是有价值的，我是被深深珍惜和理解的。这样的孩子他做什么都会是快乐的，也比较能经得起打击并走向成功。

而这种信心其实就是通过父母的陪伴得来的。

我们总希望孩子学这学那，其实学什么都不如给他这种信心来得更重要。

在成年人的世界里我们会学业退步，工作平庸，投资失败，婚姻触礁，我们不能写保证说我的孩子不会遇到这些变故，对不对?就算孩子被培养成个个学霸，钢琴十级，英语流利，他的人生也会遭遇阴影，那么，最后他有什么力量面对这些阴影呢?是我们的爱，我们曾经给过她的陪伴和爱。

我们要告诉孩子，你值得这样的爱。借由我们给你的爱，希望你学会爱自己，希望你知道，你值得拥有这个世界最好的事情，值得得到这个世界的温柔对待。

2

第二章

白天能懂夜的黑：认识孩子的世界

1

师生是一种相爱相杀的关系

意志的角力无处不在。

情景回放

小明认为老师和学生之间存在不可逾越的鸿沟，他觉得他的班主任纯属逗比，英语老师是灭绝师太，数学老师一口乡音推导函数关系，教导主任除了签单罚人没别的事干。小明由衷觉得：听过很多人生道理，我依然无法听从我的老师。

其实啊，老师这种生物是贬低你智商摧毁你信心的存在，是挑拨亲子关系的祸端，也是你青春岁月里不可忽略的一抹暖色。

问诊寻因

师与生的关系之所以会产生矛盾，关键是谁的意志会被听从。很多时候，你明明也打算自习课好好做作业的，可是班主任走进来不由分说就开始批评：“你们这帮人别想着讲话啊，今天上午跑操我都还没和你们算账呢，那叫一个乱！”于是你感觉到世界满满的恶意，心中莫名烦躁，连眼前的课本也变得不那么可爱了。

其实你所反感的是听从别人的意志去做事。本来是你也想做的事情，可是在受到催促监督指责以后，就变成你迫于压力乖乖去做，变成了顺从别人的意志。这样的感觉没有人会喜欢。所以学生对老师往往有一种我知道你说的没错，可是我还是很不爽的感觉。因为没有人愿意在意志的较量中落败。

四个男生自习课跑去打篮球，被班主任抓到。在老师严厉的训斥下，三个男孩低下了头认了错，只有一个还在沉默。班主任怒火飙升，集中火力对准那个冥顽不灵的同学。那个同学是真的不知道自己违反了校纪校规吗？不是，他只是不愿低头。而这个时候，老师的发怒是教育吗？不是，他只是讨厌那种“我搞不定你”的感觉。情绪对抗情绪，并不见得有什么教育效果可言。

每个人在做自己的事情的时候都不喜欢旁边有个人跑来说我早就提醒你应该这样应该那样。如果老师对学生的劝说批评还带上攻击性，那么这种不爽的情绪就会更强烈持续更久。

我们的教育在如何监督和惩罚上取得了很多经验，但在鼓励和信任上却远远不够。如何激发学生的热情，提高他们的学习积极性，我们探索的还远远不够。

学生愿意勤奋、能够勤奋已经是一种天资。在我们所见的现实中，小朋友跑得不快跑得吃力，一般原因为他不知道自己为什么要跑，以及到底要跑去哪里。这是老师和家长没有告诉他们的事情。学生只是被要求要读书，除此以外他们一无所知。

知乎上有个问题，问为什么学生在听了老师解题以后还是不懂得自己做。老实说，当前教育环境很难使人产生求知的好奇心，很多学生并不想知道为什么，他们只是希望快下课。在求知的路上，老师带着走过的路，为什么学生自己再走一遍就不认识路了呢？其实，老师应该是个激发游兴的导游或者相知相随的旅伴，如果只做了监工，就很难不引起反感。

大补鸡汤

To老师：信任和尊重学生是教育的不二法门。如果在教学中觉得学生在刁难总想着怎么应对，就已经是有了与学生对抗的心态，再讨论怎么教都是术的层面，意义不大。如果不将学生的反应看作是学生的错误，而是看作他的表达，老师可以致力于搞明白并表示“你要告诉我什么，我有什么可以为你做的”。一个被真实看到、被尊重的学生还有什么必要刁难老师呢？

To学生：你没有必要为了反对老师而故意怎么样，如何学习如何生活本质上就是你自己的事。如果你认为老师的意见不公正客观，便由他抓狂你正常；如果老师说的正是你要做的，你记得你不是屈从别人，你是实现自己。

师与生不是天敌，我们目标一致，同行做伴，不妨相爱。

2

比训导更有效的是爱和尊重

每被感动一次都是幸福。

情景回放

小明的老师病了，他的学生纷纷在社交网络上对他表示慰问。班里的捣蛋鬼说："你快回来，我一个人承受不来。"学霸说："老师您好，我们都盼着您回来。"连班里那个平时默不作声的女孩都给老师发了条"你还好吧"的短信。老师翻看着这一条条信息，突然觉得整个人都变得很软很暖。

问诊寻因

在我们的交际圈里，朋友是一种暖心的存在。但在校园里，很少有人会想和老师做朋友。因为师生这两种生物的关系一般来讲都是：远不得因为他管着你，近不得还是因为他管着你。

常规认知里，老师威严而崇高，他发出的指令学生须要遵守和执行。大家都忘记了，老师是人，学生也是人。人是群居动物。人需要爱和认同，需要拥抱和关怀。看到陌生人友善的笑容，人们会回报以微笑和问候。

俗话说，严师出高徒。初入职的老师往往被告诫不要太和学生打成一片，免得学生不怕你。但我们也看到生活中逢人全抛一片心的人，非但没有被欺负瞒骗，而且还处处得到帮助顺风顺水。因为谁都喜欢和真诚热情的人相处。涉世未深的学生其实对老师有天然的仰慕，毕竟你读的书多啊。如果老师不以一种管的心态而是以爱的心情去看待学生，头顶着知识优势的光环，收获一大片赤子之心简直是轻而易举的事。

可是老师们往往舍近求远，一见面就想管束学生，生怕自己一个让步，学生就会爬到自己头上作威作福。如果老师信奉东风西风必然大作战，一个要压倒另一个，那也莫怪学生会升起警惕对抗之心。孩子再小也不会甘心乖乖地任人指手画脚进而丧权辱国的，结果学生是越管越难管，或者越管越呆板。

孩子对父母也是如此。孩子是天然爱父母的，他们来到这个世界，所感受到温暖和照顾都来自家庭。家长最后失望地发现自己生下来的这个小婴儿变成了讨债坑爹的仇敌，却不曾想到：这绝对不是孩子的本意和天性。

大补鸡汤

小明的老师是一个很幸福的老师。他得到了来自学生的爱和关怀。你是否也想得到孩子的爱与关怀呢？其实，只要你想到站在你面前的孩子确实是个活生生的生命，无论木讷还是活泼，他的内心也像你一样会时时波澜起伏甚至惊涛骇浪，而绝不是一个只要听从指令就好的木偶。要知道你渴望得到的爱和尊重，他也是极其需要的；你厌烦的训导和控制他也是非常反感的。那么你就会知道怎么做了。

凭着爱，我信有出路。

3

每一个点赞都是错打鸡血

每一条朋友圈或者微博发出来如果没有人点赞，你会不会感到失落；没有别人的眼光，我们还能找到自己吗？

情景回放

小明喜欢把自己发生的所有事情向所有人即时报道：等地铁、上车、下车发现羊城通找不到了等，他都会随手发一条朋友圈。同时，他又是个点赞狂魔，无论是谁在说什么他都会随手点赞表示已阅。小明离不开手机，每过两分钟他都要把手机掏出来看看有没有新信息。手机里是一个远比现实热闹的世界，在那里每个人都互相关心。

问诊寻因

在我们还是婴儿的时候，我们渴望和妈妈融为一体，要求妈妈听得到我们每一声呼喊，明白我们每一个要求。但我们未必能够那么幸运，有一个有求必应、无条件满足我们情感需求的好妈妈，于是我们在成长以后会自己营造一个“好妈妈”的形象：我所有的细节她都看得到，我所有的情感波动她都有给予反应。但是在现实世界里，哪里去找这样的“好妈妈”呢？但是网络可以给我们这样一个错觉，无论你怎样喃喃自语，好像总会有人响应。于是，我们会有一种“哎哟，这个不错”的愉悦，来自“我被看到了”。

看上去，我们依赖的是手机，其实我们想逃离的却是寂寞。这里说的“寂寞”，不是安妮宝贝们披着一头海藻般的长发，端着一杯摩卡望着下雨的街道所呻吟的寂寞，而是我们内心的感受好像无法真实地传递并与身边的人产生链接。这种链接是怎么样的呢？就好像你的钱包丢了，旁边的人说我早告诉你应该小心点。你会觉得他的话是添堵。但如果他对你说：“你现在很懊恼吧，我明白。”你可能会很感激他。链接就是一种“你懂的”。

只有被真实看到的人生才不枉过。世上最远的距离是什么，各有各的说法。但是我站在你面前，你看到的是你想象中的我，这种距离就足够遥远。那个不被看见的我，是要继续扮演你喜欢的形象，还是发出呐喊打破厚壁？也许没有人知道，有些人入戏太深，最后连自己该是什么样的都忘记了。

自我的形象，到底是存在于你对世界的探索中，还是存在于别人对你的评价中？人们往往误以为“自我”是依靠后者来建立的，所以对外界的回应孜孜以求、永难满足，内心的空洞欲壑难填。没有一个完整坚定的自我，我们只好依靠外界的回声确定自己的存在。

世界上最难求的就是“你懂的”，我们以为每个点赞的人都对我们有兴趣，其实手机那边的点赞狂魔也不过是无聊。细想一下，我们是不是在盲目的点赞和琐屑的啰嗦中耗费了大量的时光?

大补鸡汤

要透过朋友圈的热闹看到自己内心的空虚。你要满足的是自己内心真正的需要，而不是现在的需要。

当你不想安静的时候也许是你应该安静面对自己的时候，当你不想孤单的时候正是你学习和孤单相处的时候；不要逃避，不要用暂时的娱乐填补无尽的空虚。

我们低头滑动手机，是因为在现实里没有办法好好和自己相处。在这一点上，指责学生玩机丧志的老师家长其实并没有比孩子做得更好。就是因为我们在现实里都没有耐心认识自己认识彼此，才会各自逃到网络里寻找，偏偏我们在虚拟世界里假装友善热情温柔贴心。

试试和自己好好地待在一起，不外求于他人。以及，抬起头，看看我。

4

为什么霸道总裁总是爱上“我”

梦幻剧情的背后，藏着一个俄狄浦斯。

情景回放

小明最近看到他身边的雌性生物都在讨论《何以笙箫默》，热门微博上也发出“亿年修得何以琛”的口号，小明就不明白：这些女生怎么了？霸道总裁（还有律师、君王、才子或者村长随你口味）爱上我的戏码为什么经久不衰、百试不爽？为什么有人愿意为你承包池塘？为什么有人愿意为你穿上水晶鞋？灰姑娘总是能战胜美艳女配，王子总是对丑小鸭情有独钟，这种桥段到底符合谁的趣味？

问诊寻因

提出这个问题的小明忘记了他自己是多么喜欢在游戏里通关打怪，打倒终极大Boss了。

希腊神话里俄狄浦斯弑父娶母，于是人们把恋母情结又称作“俄狄浦斯情结”。人在原生家庭天然会爱上自己的异性父母，与自己的同性父母竞争，这就是所谓恋父或恋母情结。这种赢取异性父母的渴望很普遍很正常，但人们往往不敢正视，觉得这是极为羞耻的事情。那么这种不被看到的情结就会投射到别的事物上，借以表达出来。

言情小说里，平凡的女主角本来就符合广大读者的“自我投射”，我们爱一个偶像明星往往是爱他“像我一样”，但他又实现了“我”在现实里无法企及的梦想。这么说吧，“我”在生活里倔强、敏感、爱抽烟、爱喝酒、有文身，可惜没人知道“我”依然是个好女孩。但是偶像剧里女主角每一次自言自语都会碰巧被男主角听见，好像她们的运气总是那么好，一出门就有的士，一伤心就可以出国，一撞人就能撞倒相貌英俊、个性狂傲的高富帅，还要让他说出小说里经典台词“你成功地引起我的注意”。这样的情节谁都想发生在自己身上。

而小说里设置的一个强大但最终落败的女配角，就是我们心中强大的妈妈。她美丽，她优秀，她完美，但是她偏偏会输给善良的丑小鸭。而男主角脱离现实的强大和俊美，这不就像我们理想中父亲的形象吗?

隐藏在每一个女孩子心灵最深处的幻想就是“爸爸爱的是我”，所以言情小说里男主角要爱的一定是不起眼的灰姑娘。

灰姑娘式的故事之所以大行其道就是因为它符合了这个设定：妈妈你很强大，但是爸爸爱的是我。这种情结隐秘曲折。

因为这个幻想当中伴随着羞耻感，人们不愿意去承认它，于是会以种种方式把它隐藏起来，因而产生种种的变式，包括总裁文。

同理，之前我们说，为什么男孩子最喜欢玩打倒终极大Boss的游戏，现在你明白了吗？

大补鸡汤

读到这里，大家不必产生乱伦的恐慌，因为我们有这样的潜意识，完全不代表我们会干出什么邪恶的事。在我们热衷的娱乐里面，在我们沉迷的故事里面，哪怕像言情小说这样被认为比较没有营养的精神鸦片，其实都藏着我们所不知道的自己，你可以去思考去挖掘。为什么那多人喜欢，为什么我会被吸引？这本身就是个有趣的问题。

你可以不同意我的看法，但是，在司空见惯甚至滥俗的现象里大开脑洞，自由地享受思维的乐趣，这很酷。

5

无游戏不童年，电子游戏给了我们什么安慰

玩不够的人想一直停留在童年。

情景回放

小明喜欢玩电子游戏，“纪念碑谷”试玩体验，他立马一个下午搞定通关。小明的妈妈不让他玩，小明就见缝插针，见机行事，已经到了无孔不入的地步。妈妈经常为此抓狂：你就不能少玩一点吗？这些游戏到底有什么那么吸引你的呀？

问诊寻因

小孩子天生喜欢玩，可是跳房子、丢沙包、踢毽子……这些游戏失传已久，更不用说，偷鸡赶狗炸牛粪这些重口味了。现在的小孩玩什么呢？玩乐高积木可以报班，因为能够锻炼思维；玩围棋象棋也可以报班，因为可以开发智力。这是一个众所周知的事实：现在的青少年，他们的童年没有游戏，只有兴趣班。

每一个人都需要一点自己的空间，做自己想做的事情，这些放空的时间里不存在任务和要求。就像朱自清所说的那样，“什么都可以想，也可以不想”，这样的需求，不单大人有，孩子也有。可是很多大人都以为，孩子只需要听从安排就好了，不需要有自己的时间和空间。

当现实已经都被安排得满满的时候，立刻能让你离开此刻的工具是什么？越不喜欢当下的生活，越会想逃离，随时随地，唯有手机。只要我们去看看地铁里那一颗颗低着的头颅，一张张被手机蓝光映着的木然的脸，就能明白为什么大家都离不开电子产品，如果生活都过得像地铁里的时光那么沉闷逼仄又漫长，手机似乎就是唯一出路。

如果父母尚且如此，孩童又如何幸免？当大人振振有词地谴责沉醉于电子设备的孩童时，他们并没有真正面对那个内心空洞生活乏善可陈的自己。

当孩子作息表排满了课程，当大家都相信“欠你一个童年才会还你一个明天”，没有泥沙，没有篮球，没有毽子和橡皮筋，爱玩爱探索的天性都只能被封印到小小的智能手机屏幕中去了。洪荒之力最终会爆发，它会发出歇斯底里的叫喊：我要玩！可是这个时候，我们会遗憾地发现，生活里已经没有什么好玩的，也没有什么是我们会玩的，除了伴随左右始终闪烁的那一点蓝光。

大补鸡汤

疲乏、沉闷、枯燥才是我们生活里真正的问题，至于手机或者电子游戏，它何其无辜。它们为我们的生活提供了些许掌控感和成就感，却背负了名不副实的骂名。老早之前孟子就指出“刺人而杀之”，曰“非我也，兵也”这样的托词是行不通的。技术无罪，它解放的是人们本应被承认的渴望。

6

其实没有那么想恋爱

自嘲是一种投名状，恋人是一类资格证，其实你不必费力塑造自己的形象。

情景回放

情人节将小明的同学分为两大阵营，一边叫“脱团党”，一边叫“单身狗”。小明身为“单身狗”的一员，虽然在朋友圈里一个劲儿地说反对抗议谈恋爱的朋友秀恩爱，但内心在呼喊：给我一个妹子，我将爱护地球！

问诊寻因

情窦初开，爱意萌生，烦恼不止少年维特。很多单身的同学一边羡慕一边自嘲。自嘲没人爱的你其实没有那么想谈恋爱，但是却很想知道自己会不会有人爱，想证明自己眼前有一大片树林而不是寸草不生的沙漠。即使看上去再优秀的人也会惶恐自己是否值得爱，就像再好吃的土猪也要一个质量认证红印戳写着“放心肉”才让人安心一样。如果没有别人的认同，我们是否能够找到自己？如果没有人说喜欢你，那我能相信自己是值得爱的吗？如果有一个人在我身边，陪着我做一切无聊的事情，在圣诞节情人节拥挤又喧嚣的人群中，我就会感觉自己不孤单。

可是，我们也可以这样想：在所有的良辰佳节里，给自己泡一杯咖啡，静静看一部小众电影，不也是很酷的事情吗？我期待你的到来，但我也享受一个人的生活。

快乐是一种决定，而不是一个需要种种条件才可以达成的结果。人不是因为优秀而快乐，而是因为快乐才优秀。同理，人也不是因为有人爱才感觉自己值得爱，而是因为爱自己，才更容易赢得别人的爱。

自嘲“单身狗”可以和相同际遇的人抱团，于是感觉到“我不是一个人在战斗”；恋爱的情侣则莫名获得资格证，显摆说“我可是个有魅力的人”。为什么我们的自我总是需要在群体中做比较才得以清晰，没有“脱团”或“单身”的标签，难道你的形象就会模糊混沌？你应该致力描述我是谁，而无需把自己的形象寄托在“我们是谁”。单身不是失败，恋爱也不是为了让自己看起来很帅。到同学们再大一点的时候，你该明白：剩女宅男不是怪物；在恋爱中求之不得也不是天会塌下来的事。

大大方方承认，那个人还没有到来，可是我呀，每一天都过得愉快。

大补鸡汤

每一个期待走进恋爱的同学请先认清楚一个事实：如果有一天，你所寄予爱的那个人不爱你了，他所不爱的才是你最应该爱的。当你无需用力证明自己可爱的时候最可爱，当你无需依赖别人为你印证的时候最幸福。

可以喜欢独身一人，也可以喜欢一个人，森林和沙漠一一走过——谁也不能定义我！

7

“暗恋狗”，越吠越伤心

伤心的人总爱唱情歌。

情景回放

小明的朋友圈是他的心情布告栏，充满了“长存在心底的倾慕一秒够细数”这类细语梦呓，有时又会没头没脑来一句“我宁愿这样孤独”。小明天天喊寂寞缺爱，大家习以为常，走过路过，无人围观。

问诊寻因

之所以有人喜欢事无巨细每一点细微心情都公开发布，无非是渴望得到回应，产生被围观的快感。无人看到，似乎自己就不存在。古人认为衣锦夜行是一件浪费的事，现代网络更加营造了“全世界都会看到我”的错觉。人不知，实难不愠。

那为什么要专门把自己低落的心情晒给别人看呢？不肯躲起来舔伤口难道就是人类的进化？

有人伤心会当众号哭，但更多人会向隅而泣；有人示爱会在宿舍楼下摆个心形蜡烛阵，但更多人是眼角眉梢情意暗传。当一个人真想表达自己内心的情绪的时候，通常人们相信他不会太过高调，因为袒露内心在我们的文化里是挺危险的一件事。

但是现在我们有了朋友圈，丢了羊城通或者看哪个人不顺眼都可以在朋友圈上嘟囔两声，点赞的人也不知是表示同情还是幸灾乐祸。

那么把自己的失意恋情全球直播的人又是怀着一种什么样的驱动力在做这事呢?

我想，可能是因为他们潜意识里相信自己这样做会得到好处。

好处一：唱伤心苦情歌的人既不显示攻击性又惹人同情，在人际交往中可以获得便利。经常性地示弱认怂呻吟哀号，就像宠物小狗的摇尾卖萌，是刷存在感的利器妙招。

好处二：沉浸在自编自导的悲伤剧情中，他会觉得自己就如一首老歌所唱的那样“寂寞让我如此美丽”，文艺指数飙升，就算不是董小姐，啊，他也是个有故事的好同学，一不小心还能升级成了“情圣”。

所以在这个时候，他们抒发的其实也不是真实的心情，他们沉浸在“情伤”的角色扮演中乐此不疲。他们只是喜欢扮演这种角色，感觉自己满身忧郁气质文艺到不得了而已。只不过当沉浸在这样的剧情里享受朋友的慰问自得其乐时，也不妨问问自己，我真实想要的是什么。尝试从剧情里抽身出来，认识你自己。

大补鸡汤

我们并不提倡强忍泪水和血吞，只是想提醒大家，心想事会成，戏假情变真。自我预言迟早会实现。苦情歌唱多了，暗恋狗的心理阴影面积会变大。如果你很想谈恋爱，你首先要问问自己，你爱的是恋爱的感觉还是那个人。如果是那个人，他爱不爱你是他的事，带着爱的心情愉快生活才是你的事。

尽管新中国成立后的动物禁止修炼成精，但还是想鼓励广大“暗恋狗”：与其整天唱，做只猫做只狗不做情人，不如潜心修炼，好好做人，做个愉快自信自由的人。

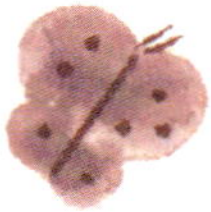

8

年轻难免遇人渣之破解大法

几多弯路都是人生必经之路。

情景回放

小明的好朋友小萌恋爱了，又分手了。分手原因是男方不同意，最后激动起来给了女孩一耳光。分手以后，男方还倒打一耙，说是小萌追的他，而且到处宣扬和小萌的恋爱细节。小明替好友不值，看到小萌饱受打击，情绪低落，小明真想像《美少女战士》里月野兔说的那样，对那个讨厌的男生说："我要代表月亮消灭你。"

问诊寻因

对于年轻女孩子来说，恋爱往往大过天。都说少年不识愁滋味，但其实一场恋爱风波处理不好，可能会压垮一个天真懵懂的姑娘（或小伙）。无他，年轻，容易较真，不知道世界其实真的很大。

年轻人向往恋爱，但是有时非常孩子气，一个暑假回来男孩子脸上长满了青春痘，你可能就已经把恋情断送在摇篮中。又或许，一次测验成绩下滑，老师找你谈话，回到座位，你就觉得小男友的面目突然从杨洋变成了王宝强，或者小女友的口吻听起来原来像更年期的大妈，感觉她又烦又笨。

所以，分手快乐这种事，可能只是在情歌里的一厢情愿慈悲祝福。情海翻波，掀翻了多少还没有来得及启航远行的小白船。

各位美丽的年轻人，当你和某人愉快地荡起双桨，要知道走路踩狗屎交友遇到“极品”的概率是远远大于你福利彩票中奖的。你仰慕他篮球赛上挥汗如雨的英姿，难保他下来不会向他的兄弟吹嘘刚泡到一个正点的妞，毕竟荷尔蒙这种事看着阳刚帅气其实也会粗鲁无脑。

所以，当你站在世界中心呼唤爱的时候，请冷静一下看清楚，你所心心念念的那个人到底本相如何，他看上去好到头顶有光环，两肋生翅膀，到底是你真的遇上一个天使，还是说你自带美图功能把他美颜磨皮嫩肤加脑补。

又假如不幸地，恋爱美图秀秀效果失灵，你发现他畏缩粗野，虚荣浮夸，悲哀地发现自己踩了狗屎，想走不能走，狗屎一直跟着你发臭的时候，请记得不要害怕。

挥别错的才能和对的相逢，不要因为自己一时的判断失误而裹足不前，不畏浮云遮望眼，下一个遇到的可能会更好。

大补鸡汤

坦白地承认自己蠢，瞎了眼，也没什么大不了。快速结束一个错误的恋爱就是巨大的成功。

他说你是非，是他太低级，不要被他拉低你的水准。八卦别人是一种极不礼貌的行为，但被八卦不是你的错。如果有人讨论你的隐私和身材，那不是你的丑闻，丑陋的是那些对此津津乐道的人。

遇人不淑就该痛定思痛，别给他再次伤害你的机会，别和他单独出去，也别把他的激动情绪失控当成是真爱的表现。

人的一生，谁没走过几段弯路，遇过几个人渣。傻孩子，当你向往远方的地平线，曾经的伤痛只是为了更好地增长你的智慧。

9

屠呦呦VS马冬梅，我选马薇薇

每个小公主心里都住一头没苏醒的怪兽。

情景回放

趁着最近屠呦呦PK黄晓明的论战，小明的好朋友小萌最近开始纠结一个问题：作为一个女孩子，屠呦呦和马冬梅，我选择做哪一个？

其实这个问题早在《奇葩说》这个网络节目里就被讨论过了：女人该拼事业还是拼爱情？

然而小明早已看穿这一切：如果有得选，小萌最想做的肯定是Angelababy，像她那样拥有一个全民关注的盛大婚礼。毕竟每个女孩子内心都住着一个小公主呢。

问诊寻因

就像我们小时候苦恼的是考北京大学还是清华大学，长大以后我们会发现，类似这样的纠结实在是——我们想多了。现实很现实，梦想真是梦想。

不是说，我们的能力平庸所以不配有梦想和远方；而是说，在我们不知道自己想成为什么样的人的时候，我们会希望自己过得跟电视广告上的人一样：年轻的时候对着车窗补妆就遇见翩翩公子，年老了一头银发儿孙围在身边荡秋千。怎样体面光鲜怎样来。

但是无论我们如何努力，生活远没有我们所希望的那样优雅从容。我们的内心总有一种声音提醒说自己还不够努力不够可爱，人生非但不能圆满，而且还是狼狈难堪的时候居多。

当我们看到《夏洛特烦恼》里马冬梅被流氓拉进小树林，也许会感叹所谓真爱掏心掏肺，回头一看白日见鬼。当我们瞩目于八十岁高龄的屠呦呦夺得诺贝尔奖在人类医学发展史上留下浓墨重彩的一笔，所谓青史留名正是如此，至于青蒿素到底是个什么鬼，其实大家也没怎么搞清楚。

我们都是普通人，追逐真爱没马冬梅那么大勇气；追求真理也没屠奶奶那么睿智。而且我们还难免对女明星那盛大浮华的婚礼有那么一点点的眼红羡慕。

努力读书的乖宝宝会遗憾青春期没有放肆过，没有对某人唱过“想要问问你敢不敢，像你说过那样地爱我”。抽过烟逃过学穿着破洞牛仔裤的女生又会感叹人们为什么不相信我依然是个好女孩。人性往往如此，得陇望蜀，欲壑难填。

作为女孩子，小萌们真是很惭愧自己的见识少眼界浅志向低。除了身为看客，难道我们对生动的世界就没有值得骄傲的贡献了吗？

童话里的公主都在等待骑士打败怪龙来拯救她。但在生活里怀着粉红少女心的小萌们一直在辛苦打怪：从月中就告急的流量，到接踵而来的学业测验，社团面试，然后还有宿舍里就差没对你下毒的舍友，以及好死不死今天逃课他就点名的公共课老师。诸多的烦恼还包括并没有吃很多但是又胖了两斤，以及用了很多美白面膜但是令人倍感失望啊！军训黑掉的脸皮并没有白回来。如果你幸运，你还可能有一个焦虑症的妈妈，从你为什么还没有拍拖一直问到你男朋友看上去很不可靠，再问家里到底是干什么的。

大补鸡汤

是的，这才是真实的生活。小萌们当不成小公主，相反，一个月里总有几天她们烦躁得想变身小怪兽。

我们发现童话里都是骗人的，但不妨碍我们去拥抱我们心中那头小怪兽。

我承认，我接纳，我没有我希望看上去的那么好。

我知道，我了解，我并不需要非要做得那么好。

我学习，我相信，我的存在本身就有意义就已经足够好。

每一个人名都只是一个符号，无论是屠呦呦、马冬梅还是范冰冰，她们代表的都不是我们自己的生活。如果非要选，我想做马薇薇，想象她那样对我自己说："在爱你的过程中，有些人变成更强壮更智慧的自己，故而一念成佛，有些人变成更猥琐更不堪的自己，一念成魔。在爱的过程中，是佛是魔，历尽你给我的百劫千难，最后我终于找到了我。”

让我是我，这就是我对世界最好的贡献。

10

校园情侣的可行性报告

重逢的终会重逢，哪怕不是如期而至。

情景回放

小明听说新鲜出炉的诺贝尔奖得主屠呦呦和先生李廷钊是中学同学，两人走到一起也经历了一些波折。李廷钊读书时暗恋屠呦呦，不过他当时并没有表白。毕业后去了苏联留学，回国后发现我未娶，卿未嫁，才选择大胆表白了，后来他们就结婚了。

小明觉得这则新闻满满的正能量呀，原来求学阶段的好感和暗恋还真是能够生根发芽修成正果的啊。

问诊寻因

孟子说，知好色则慕少艾，歌德说，哪个少年不钟情，哪个少女不怀春。年轻人倾慕异性是再正常不过的事情。但是我们身边的师长总是百般告诫：全力求学不求偶，光荣不过单身狗。于是啊，明明我们心里喜欢一个人，喜欢得百爪挠心，却偏偏要装作只喜欢一个人云淡风轻。

2013年7月，一对“学霸情侣”悄然走红网络。二人均为高中毕业生，男主来自天津新华中学，女主来自长沙雅礼中学，因双双获第45届国际化学奥赛金奖，并被分别保送至清华大学和北京大学。7月24日，“学霸情侣”的女主角孙维维在人人网自己的主页上发消息称，“比赛终于结束了，最开心的不是得到了什么奖项、什么名次，而是和你并肩站在了最后的领奖台上，一起接受了来自不同国家孩子们的祝福。”

你看学霸不但在智力上碾压众生，而且他们在拿奥赛金牌之余还顺便谈了个甜蜜的异地恋。

所以，谈恋爱根本不影响学习，前提是你有强大的自我管理能力，包括情绪控制、时间安排、未来规划，你都能心中有数游刃有余。恋爱本身也是人生必修课，它并不是父母家长想象中的洪水猛兽，只不过，道行修养不够的人难以兼顾，不能同一时间处理那么多高难度课程。

所以问题就在于，你是不强大啊，你就是个写着金榜想着刀塔（DOTA）游戏，读着离骚尽想发骚，念着孔子还想妹子的“学渣”啊。就算是“学渣”甚至“学沫”吧，你也会渴望拥有一个赵忠祥老师深情配音的春天。不求男神女神，只想发朋友圈有人忠实点赞，去饭堂有人挑走你不吃的洋葱，晚修放学有人为你买杯热奶茶，周末泡图书馆不必到处约人，互相鼓励同去同归。

学生时代的恋爱其实要求很简单。很多同学就是这样一边想象一边孤单，一边憧憬恋爱一边和数学鏖战。小明们在心里呐喊：我那个不知道还待在哪里凉快的意中人啊，你可知我找你找得“上穷碧落下黄泉，两处茫茫皆不见”，今晚又背新概念。

大补鸡汤

请相信你所有关于爱情的美好想象都终会实现，请期待当你遇上他（她）时候你比现在还要好。

不必急于表白，说不定你的女朋友大器晚成将来会拿诺贝尔奖；已经在一起的就好好呵护青涩的彼此，整天吵架上演狗血剧情的那不是真爱，是你们不合适；正在追别人的只要你高兴就好，凡是觉得辛苦都是强求。

当你比以前更喜欢自己一些的时候，喜欢你的人就会来到。

11

剽悍的人生不需要催婚

分清界限是幸福生活的前提。

情景回放

小明的姐姐大学还没毕业，家里长辈已经把“有男朋友了吗”作为见面打招呼的必备用语了。每次姐姐被别人这么亲切问候，小明就会看到她脸上摆出不以为然的表情，看到她在努力控制自己不要翻白眼。

问诊寻因

韩寒说，听过很多道理但依旧没有过好这一生，但有很多人，就是因为自己没有过好，他才那么热衷于给别人讲那些似是而非的道理，指手画脚别人的人生。

催婚爱好者就是其中一种。虽然催你结婚的人可能和她的老伴势同水火，但这并不妨碍她在你面前以婚恋专家自居，对你说，“适当的时候要做适当的事”以及“人啊总归还是要有个伴的”。

在很多催婚族看来，你在婚姻市场里没有买家简直是个人及家族的奇耻大辱，同时他们又奇异地赞同婚姻里没有爱情是常见的事。坐飞机的时候旁边是个大胖子你都会觉得拥挤，出差的时候同房打鼾你都觉得长夜漫漫使人抓狂。更何况是和一个不够喜欢的人朝夕相处，这简直是长期的酷刑。

可偏偏就有些老妈信奉读书不恋爱，毕业就结婚，如果赶上姑娘从小到大都是好学生，没有做过一件错事，一直纯洁到大学毕业，那么这个女生就会莫名其妙不可饶恕地成为剩女。女汉子们还可以自诩为圣斗士，自我稍微不够强大的立刻就会成为周围群众攻击的目标，仿佛全人类都认为你不结婚就会影响能源开发、世界和平，臭氧层又多了一个洞。

你一旦畏惧了这个“剩”的名头，又害怕群众的围剿堵截，难免就底气不足，心中焦急了。本来是想大喊一声“老娘不将就”的，话到嘴边就成了“好吧，试试看啊也可以啊”，态度模糊，任人鱼肉。

你以为结了婚就是完成任务，人有我有，一了百了了？且慢！等你结了婚，他们就该催你生孩子了。再把孩子一生，埋在锅碗瓢盆柴米油盐里的你猛一抬头，到那时你就知道，你今天竭力想摆脱的剩女身份，其实是你再也换不回来的自由选择的权利。产后抑郁什么的你还不能抱怨，一定还有人跳出来劝你“看在孩子的分上”，那些催你劝你的人无非是怀揣着“知道大家都没有过好我就安心了”的愿望想围观一出八点档家庭伦理剧。你愿意演给他们看？

拒绝一个你不喜欢的提议，不会比发现自己过的不是想要的生活，于是从头来更困难。虽然说婚姻并不是赌输不能翻身的生死斗，但是明知自己意愿不强或者赢面不够还去赌，那就是傻；如果你是为了不好交代硬着头皮去赌，那么把鸡汤和鸡血一起吞服也治不好你的人生。

大补鸡汤

是的，我们不一定那么幸运得到爱情，但又何必葬送掉我的自由只是为了显得“正常”。曾经有不知道什么名字的名女人说，女人与其拼爱情不如拼事业，因为事业是不会辜负你的。无论拼什么，最终都是为了能够愉快地度过一生。就算我的欲望没有得到完全的满足，但是我的生活并不受制于人，这已经是很值得高兴的事了。

那些被家长催婚的姑娘，你与其去想如何让世界满意，不如想想如何让自己开心。

多金法律系才子何以琛说他不将就，气质美女徐静蕾问谁规定人生的角色要结婚生子才圆满，然而，连岳早已看穿这一切，他说生活再独特，他人也不必放屁，或者他人说什么对当事人来说，都不过一屁。

若姑娘们都有视大妈们的人生道理为一屁的觉悟，那么，独家定制，剽悍人生，你值得拥有。

12 没有一点点防备，我又失败了

所谓人品，就是每次考试我都丧失的东西，就是我在学海溺毙的原因。

情景回放

小明最近一直不明白，他的好朋友这次期末考为什么会比自己分高。说智商吧，别开玩笑了，那家伙根本不拥有这种东西；说勤奋，小明怎么也不输他，那家伙临急都不会抱佛脚的。真是无语问苍天，苍天不长眼。一直被小明嘲笑的好朋友，这次居然也成了小明妈妈口中的“别人家的孩子”了。

问诊寻因

总有些人在你眼皮底下莫名其妙的成功。之所以说莫名其妙，是因为你运用自己有限的生活经验，没有办法解释他到底为什么能轻松达成了你渴望的目标。这个时候你有没有稍微怀疑一下我们一直笃信的人生教条到底是不是人生真理？

我们是这样信赖勤奋自律的品质能带领我们走向成功，要不然，就是有人天赋异禀。我们相信：吃得苦中苦，方为人上人，而“普通人+不吃苦”绝对是平庸的同义词。因此，我们总以为自己不舒服的程度与自己的收获会成正比。问题是，你如何在一个不舒服不轻松的状态里充分发挥自己的实力，所谓从容不迫、游刃有余，不是一个苦苦支撑的人可以做到的。任何令你欣喜的结果都不可能是通过一个压抑痛苦的过程去达成。

一份试卷，在半夜三点做和在上午十点做，结果应该是不一样的，因为半夜三点因疲劳注意力不集中。这个道理如此简单，但是我们却要求自己是二十四小时工作无休无差错的机器人。如果有人告诉你，你被虐得越厉害，得到的爱就会越多，你肯定一脚踹飞他。可你现在就是这样对待自己的，以为能吃苦才会有成绩，以为吃足够多的苦就会有理想回报。你待自己这样苛刻，如何要求上天的厚待。

所以，好朋友之所以考运比你好，也许只是因为他比你放松。你自认比他勤奋比他在意，相信好人有好报的逻辑，谁知好运并不眷顾你。运气属于放松自信的人。享乐和奋斗都是人生的一部分，而你，值得都拥有。你是具备既好好享受又投入奋斗的能力的，绝对不需要两者必选其一。

对于学生来说，学习的缺漏这次考试未必能完全体现，但是紧张和不紧张会影响你对全卷的判断。所以通常一个不怕死的学渣运气要比怕死的好一些，而开心的学霸要比不开心的学霸更厉害一些。

大补鸡汤

试试对孩子这样说："从来没有什么运气或者人品，一切成绩都是我们自己亲手做出来的，每一个美丽的未来都是我们每一个微笑的当下造就的。考得不好，不会影响我的信心，无需亟待下一个胜利让自己安心。考得好更不会使我惶恐，我深信我值得一切形式的肯定。梦想在前方，我们总可以试试倾尽全力可以做到什么样的效果。"

平时反动，上阵怕死，死因不明；平时练功，上阵轻松，笑傲江湖，不必自宫。这煲浓香鸡汤献给所有在学海浮沉、苦苦挣扎的小朋友：相信自己，全世界都看好你！

13

谁能叫醒装睡的人？

别人怪你“没头脑”，真相可能是你在“不高兴”，所有淡漠迟钝，都是一种防御。

情景回放

小明一个星期后就要考试，老师天天在课堂上强调复习要点。小明很清楚这次考试很重要，过年好不好，就看期末考。可是他总觉得自己紧张不起来，学习不在状态。而这看在老师家长眼里又成为小明的罪状：你看这孩子到现在了还不知道紧张。

问诊寻因

当你说自己紧张不起来的时候，大多数情况并不像老师家长所指责的那样，你不知道考试的重要。相反，你是对别人一直告诉你要好好准备考试感到疲倦和抵触。所以，你的心理保护机制启动了，你把这件事和自己隔离了。看上去的麻木和冷漠不是真的对此事无感。当挫败来临的时候，每个人的心理感受其实都是相同的，但外在表现可能千差万别。

面对考试失利带来的自我价值感丧失，有人可能痛哭一场就会复原，有人会报复性刷题平息内心的愧疚，有人会怨天尤人，把责任一概推个一干二净，也有人耸耸肩表示“I don’t care”。

就好像成人世界里，婚姻行将触礁，有人放任自己成了大胖子，有人立马跑去健身美容，有人积极沟通寻找专业指导，还有人筹划再生个孩子给婚姻加一道保险。你很难说谁的做法才是对的，但是午夜梦回，那种惶恐心痛每个人都不能避免。那些说自己实在感觉不到心痛的人，说不定哪一天就会长出个恶性肿瘤来，因为深埋的伤痛如果不面对的话，迟早会病变得更加扭曲险恶。

不去感受它，似乎就可以回避这件事带来的压力和伤害，就好像没有情人节也不会发现自己是只可怜的“单身狗”。可是，潜意识里敲门声不会因为你的隔离而停下来，它是尽责的邮差，不被接收的信息永不会止息。

如果你看到自己的厌烦和疲劳请饱含深情对自己说一句“我真是不容易啊”，看到你的压力并且接纳它，你会得到平静。否则，越督促越是南辕北辙，越爱讲道理越会对道理“免疫”，然后，你会发现自己变得麻木迟钝了。

所有的道理，如果不是跟随在真正的尊重和接纳之后，都不会有效用。讲一千次业精于勤荒于嬉，或者变换一千个方法来讲这个道理，都不会起任何作用，而我们的家长和老师却一直执着于这种无用功。

大补鸡汤

一口断定成绩差是因为懒，这种思维方式才是真正的懒，无论是老师还是学生自己。

如果你是那个责怪自己不紧张的学生，我想告诉你，能这样自责的人通常都是被错怪，你只是不堪重负而已。压力太大，唯有迟钝和麻木可以稍稍保护自己。

如果你是操心学生的老师家长，认真去看看孩子懒散背后藏着些什么吧。很多时候你所以为的“不懂事”只是你没有懂得他。

如果你没有真实地看到那个孩子，所有评价都不会公正，你所在做的事情也不能称之为教育，那只是对孩子的折磨。

14

为何你想上不能上

努力为什么是这么困难的事?

情景回放

小明发誓他真心想努力，但每次他想好好复习的时候，他又会先摸摸手机，发发呆，时间过去了，他预想的努力并没有完全做到，最后，成绩出来，身为学渣的小明还是被无情碾压了。小明不明白：我明明有付出，为何如此命苦?

谁都知道自己应该努力，但是，为什么我们就是努力不起来?

问诊寻因

很多人一直耗费力气在和“我不够好”做斗争。试想一下，如果你干活的时候总有个监工在你耳边唠叨督促说，你这样不好那里不够，你就算不烦你的最强大脑恐怕都会因为这魔音而短路。但你有没有发觉，最顽强尽责的监工就是你自己。在你玩手机时，有个声音说，放下，你该去学习！在你学习时，有个声音说，坚持，你该去学习！

你就是唠叨不断的唐僧，你就是21世纪的祥林嫂。

你大部分精力都消耗在和这种声音的作战上。或者，又有可能，你已经习惯了在嘈杂的画外音伴随下生活，你从来不知道“整个世界清净了”是一种什么样的感觉，关掉画外音又可以带来什么样的效果。

当你舍弃了篮球去学习，当你放弃了电影去学习，当你拒绝了睡眠还是选择了去学习，当你觉得就是学习这件事，让你放弃所有令你愉快事物，你还能够真心地喜爱学习吗？

不可能！

你只是一面在催促自己努力学习，一面又对学习怀着隐隐的不满和憎恨，因为正是它让你不能心安理得地享受你喜爱的一切。

那么你为什么不相信：娱乐享受和埋头奋斗都是人生不可或缺的一部分，你都有能力驾驭？

导致你失败的不一定是你不够努力，而是你觉得自己还不够努力不配得到好结果。真正影响你的是自我怀疑，以及还不够努力的负疚感。

越想强调的越会逃离，越想对抗的越会壮大。越决心努力，越是自我暗示我不够，那么，成绩不好是应有此报；成绩好是运气好，踩遍狗屎能走运。在这样的潜意识指引下，你的潜能会够淋漓尽致地发挥吗？你的热情，你的智慧和天赋都已经完全展现出来了吗？你曾经有过放手一搏、心无旁骛的体验吗？

真实的情况是，很多人在学习中都认为自己从未试过全心全意投入，而他们常常为此对自己感到失望。

因此，如果总要和“我不够好”做斗争，你永无大获全胜的时候。在取得阶段性胜利以后，你仍是人生斗兽场里的角斗士，药还是不能停。

一个不肯放过自己的人，人生终难安宁。

大补鸡汤

Work hard，play hard.（玩要心安理得，学要心甘情愿）。要相信你有能力既享受游乐又全力拼搏，人生的各种丰富体验，你值得拥有！不要对自己说“还不够”，欣赏自己的每一点付出。寸进有寸进的欢喜，何必吓唬自己前面还有一个马拉松。人生只如障碍赛的话，并无乐趣可言。

告诉自己：现在的我已经很好了，每一刻，每一天，都很好。当你说你想努力上进等于默认“现在的我很糟”，带着“我不够好”的痛苦你是不能快速奔跑的。换一种说法吧：我的人生我来创造！

15

你的身边有没有“学婊”出没？

他为什么不能好好做自己？

情景回放

小明是一名中学生，他每天都听到他的新同桌向他诉苦，今天的课完全听不懂，昨晚作业又没做诸如此类。考完期中考，同桌又哭丧着脸，好多题都不会做啊，怎么办。这些负能量小明其实也不介意接收，他想，啊，原来有人比我更惨啊，他好心安慰同桌：“放心啊，你不是一个人在战斗。”成绩公布，同桌一脸沮丧地跟小明说，成绩出来了，不过我不敢看，你帮我看吧。结果，小明找了半天才找到自己，但是第一眼就看到了同桌清秀靓丽的名字哦，因为他的排在前面呀！小明问自己：“你是猪吗？原来同桌是学婊啊！”

所谓“学婊”，是学生当中那些明明复习了却说没有；明明成绩很好又说自己很差的人。

问诊寻因

卿本佳人，奈何做“婊”？坦白告诉别人“我在努力”“我要争取好成绩”有这么见不得人吗？说出“理直气壮”这四个字对某些人来讲是不可能的任务，他们就是习惯伪装，他们信奉的风格是“深藏不露”，他们最喜欢做的事就是“故弄玄虚”。

考前说自己并没有复习，介绍经验说自己没有多努力，上台领奖说自己并没有多期待，同学聚会说自己并没有用心打扮。不但在学习上是这样，在生活里他们都是谦逊有加，不说真话。有本小说里教导的“逢人只说三分话，未可全抛一片心”就是他们的写照。他们可能从来没有情绪激动的时候，心里渴望但是表面风轻云淡，心里得瑟不过口气还是谦和低调。

有时，你会遇到一些人，他们礼数周到无懈可击，但是你就是不喜欢。因为他们的礼貌和谦和让你倍感疏离。一个人如果待你太过周全礼貌，他向你呈现的是一个精包装的形象。但如果一个人永远以精装示人，那么他面具皮囊下的自我到底何时可以喘息透气？

其实，我们对于一切不敢以真面目示人的人都应该报以同情，因为所有造假都源于一个心理：真实的我不可能得到认同和爱。明星傅艺伟曾在接受采访时说，她从来没有向别人敞开过心门。因为坦白自己的真心，就要冒着被伤害的危险，而伪装却可以带来安全感。所有装腔作势的人实际上都自认自己毫无价值，所以偏要精心打扮，在人群中穿梭，在面具下生活。

渴求安全感本来就是人的本能，是人进化的一种保护机制，但安全感的高低却因人而异。能毫不羞愧地说出自己的愿望并且全力争取才是真的强人。心里明明想要，嘴巴却不诚实，是因为并不相信自己配得到好结果，所以才会极力掩饰动机，不敢正面迎战只会隐秘攻击。归根结底，这是缺乏安全感，自我价值感低的表现。

大补鸡汤

身边总有同伴很爱装，装纯装傻装昨天没复习装题目都好难，到底他为什么不能好好说话，愉快地玩耍？大概是因为他觉得不装饰的自己不可能值得爱吧！

所以当你遇到“学婊”，请你理解她内心的空虚和惶恐，她需要关注又不相信自己值得得到。越怕死，越要作死。越自贱，越爱演。不以自己的欲望为可耻，不以自己的真实而羞愧，无论遇到的人是爱还是不爱，都觉得理所当然，不怀疑自己，不攻击世界，人生才会明亮坦然。

人各有病，然而，心病不知，作死不止。潜意识是尽忠职守的邮差，会把你内心深处的信息固执地传达出来。它会一直来敲你的门，以各种方式，直到你愿意真实地打开心门，面对自己。

16

谁在制造“山寨版”

你不必做父母的升级版，更不是他们的山寨版。

情景回放

小明的父母非常爱他，他们常常挂在口边的语句包括以下这些：

1. 宁可穿多不可穿少，有一种冷叫“妈妈觉得你冷”。

2. 每天每餐都要有青菜有水果有老火汤，否则身体就会变差。

3. 读书期间不要过多和女同学来往，鉴于现在异性恋被排斥，小明和男同学来往，母亲大人也不放心了。

4. 读书不恋爱，毕业要结婚，生了孩子我来带。

更重要的是，小明的妈妈对小明说：“你看，我和你爸爸都混得可以，你以后能像我们这样就不错了。所以我们说的话，肯定是为你好，肯定错不了。”

问诊寻因

如果你家有个不太让人省心的孩子，那么，恭喜你，你家孩子的“自我”还好好活着。如果你家里的娃一向乖到人见人爱花见花开，深得长辈们喜爱，说实在的，很有可能，你把孩子打造成你自己的山寨版。任何一个成年人，都不要把极其有限的个人经验当警句格言，然后要求孩子去执行。否则，大千世界，固守条规，难免平庸。

为什么有的家长会把儿女搞成自己的山寨货，亲妈酿下的祸害还比后妈狠？这还得问责我们神秘又傲娇的潜意识。

第一，人都是自恋的，“我是对的”这种感觉非常美妙，包括我觉得我这次会不及格，哎呀，我果然挂科了。

那么放在家长身上，就是：我走过的桥比你走过的路还多，你是我生的，我还不知道你想怎么样。生育孩子这件事总会给家长带来一个错觉就是“孩子你的一切我比你更懂”。家长习惯对孩子说你不知道自己饿不饿，我知道；你不知道自己冷不冷，我知道。发展下去，你不知道自己该读什么专业，你不知道什么人适合你，可这一切，我知道。事情发展到这一步，孩子完完全全成了家长人生经验的复制，就是一个山寨品，哪怕他心不甘情不愿。

第二，万一，孩子竟以家长没想到的方式成功了，家长会觉得被打脸，哪怕那个是自己孩子。老鼠觉得孩子有出息就是能打洞，它还敢想别的吗？妈妈们试试坦然接受一个事实吧：孩子一定会超越我，也一定会离开我。一个对妈妈唯唯诺诺的孩子，他的内心没有足够力量。不敢挑战父母的孩子出去只觉风大浪大，哪里会说也无风雨也无晴。而且一个对现实唯唯诺诺的成年人，觉得外面世界百般险恶，他也只会养出一个畏缩怯懦的孩子来。总之，父母内心越强大、越乐于接受新事物，就越能养出一个积极向上的孩子。

第三，只有那些没有能力主宰自己命运的人才会竭尽全力想要控制孩子的生命。盯着他吃饭，喝令他按时睡觉，指定他的阅读书目，全程监控他做作业……如果一个妈妈乐意自己享受闲暇时光，喝杯咖啡、做做瑜伽，有自己喜欢的事业和活动，她不会有那么多时间和精力去紧迫盯人，那么她的孩子也会幸运地拥有属于自己的空间。但如果一个成年人不敢面对自己人生的真相，不想承认自己活得失败，他最可能会做的事情就是要求他的孩子优秀成功，并且对他百般挑剔，还会提出各种禁令、各种指导，责怪他不符合自己的期望和想象。

第四，如果一个人潜意识认为自己不配得到很美好的东西，不配享受真实丰富的深情，“不配”的范围包括爱人和儿女，那么他是真不可能得到以上美好的东西。我有这样的运气拥有一个聪明伶俐、与众不凡的孩子吗？很多家长一边做着望子成龙的梦，一边在自己养的鸡蛋里狂挑骨头。而优秀需要在欣赏的眼光下养成，就算是做老鼠，你觉得自己不如米奇可爱，那么你肯定没有可能和米妮做朋友。而越是自我评价低的人，越会不自觉把“我很糟”的感觉投射到孩子身上，因此忧心忡忡、费尽心机纠正孩子的毛病。无奈此举不过是刻舟求剑，你把自己看成是灰毛老鼠你还怪孩子没进过迪士尼乐园？

大补鸡汤

读到这里，请大家不要责怪自己的父母，他之所以这样对你是因为他也是被这样养大的。至于被山寨的命运如何破解？各位客官，请与我共饮一碗鸡汤：谁也不是谁的前传或续集，相信你自己，坚定内心的声音。每个人有责任有能力解决的只会是自己的问题。

17

人生画卷谨防图穷匕见

人生总要找到自己的路。

情景回放

小明在一次重要的考试中考差了，他因此开始怀疑自己的能力。小明很想逼自己更加努力一点，但是越这样想他越感觉到，自己无法努力。他想为自己找个目标给自己动力，可是他悲哀地发现：自己没有目标，没有什么东西是可以为之努力奋斗的。小明很讨厌这样的自己，现在，他好像很悲伤，又好像很麻木。

问诊寻因

周星驰在电影里说，人没有梦想和咸鱼有什么区别。但实际上，确实有很多年轻人在他们整个求学阶段并没有什么属于他们自己的梦想。他们知道要努力读书争取好成绩，要考好学校争个好前程。至于说为什么要这样做，打小他们的父母就告诉他要这样做，他们的老师要求他们这样做，孩子本身可能并没有认真想过为什么，只管把读书当成自己生命中的任务去完成。但总会在某个时刻，可能是因为疲乏，可能是因为挫败，他会突然惊醒，问自己：我到底为什么要这样做？我到底在追求些什么？

得到好成绩意味着什么？师长满意的表情，同学艳羡的目光，自我价值的满足，然后呢？就像角斗士在斗兽场又胜一场，面对全场欢呼，他垂下手，静静站在原地，胜利的兴奋散去后，不知道自己为什么要站在这里。更有那些倒霉的选手，他们一次失手，或者屡战屡败，独自舔舐伤口，心底的苦涩和无力感泛上心头，终于忍不住会问，我做这一切事情的意义到底在哪里？

为中华之崛起而读书似乎太崇高，为将来的高薪厚职而读书似乎又太世俗，太高远的理想不能安抚现实的沉闷和压抑，太现实的考量也不能让年轻的心满意，在跃跃欲试为自己而奋斗的年龄，年轻人不知道自己想要些什么。

为什么他们不知道呢？也许是因为在成长中太多人告诉他“你要怎么做”，却太少人问过他“你想怎么做”，也许是因为在成长的过程中，爸爸妈妈总以为我比你更知道，不放心放手让你去试一试。

一个只知道爸爸妈妈想要什么却不知道自己想要什么的学生，内心就像一个随时可能战败的角斗士一样惶恐绝望。带着这种惶恐和绝望，他没有办法取得战斗的胜利，因此他又会更加绝望。

我们在学校里可以看到很多很想努力但又无法使出力气的学生，他们的时间和能量大部分都消耗在自我说服和自我挣扎中。一方面他们要承担师长不知内情的谴责，另一方面更要忍受自我的批评和厌恶。他们明明负重艰难，方向不明，但又不被理解，踟蹰前行。

大补鸡汤

总有很多妈妈致力于提醒孩子要努力，却没有引导他去思考为了什么而努力。也许是因为妈妈自己也以为拥有和别人一样多或者比别人多的财富就是幸福。“成为你自己。”不仅仅是一句鸡汤，更是孩子无力无奈的呐喊。愿每一个疲乏又耽于内耗的孩子都能获得解脱。毕竟，别人递过来的画卷再美丽，徐徐展开时，里面藏着的也不一定是你想要的未来。

会一直带领我们的只有爱和自由。

18

我喜欢自己现在的样子

成熟是愿意接受而不是急于改变。

情景回放

小萌最近很苦恼：她觉得自己太幼稚了，阴晴喜怒脸上表情一点也藏不住。她说，我想做一个成熟的人，我现在这个样子好傻啊。班里那个万年冰山面瘫脸同学，看着就很深沉稳重啊。

不知道为什么，也不知道什么时候产生的想法，小萌现在就是很不满意自己的样子，她急于寻求改变。

问诊寻因

有时候我们会羡慕别人的样子，就像看偶像言情剧会羡慕女主角；有时候我们会自惭形秽，发现自己没有想象中那么好，于是感到沮丧。

每个小女孩可能都幻想过自己穿上水晶鞋做公主，也喜欢自己做白衣飘飘的仙子，大一点的时候可能又突然讨厌裙子，觉得穿上西装戴上领带扮演帅气假小子才有意思。在自我形象比较模糊不定的时候，她们会盲目地喜欢或者讨厌某些人某些特点，而其实并没有什么原因。

丑小鸭终有一天会变成天鹅，毛毛虫终有一天会化蝶高飞，这样的故事藏在每个女孩的心里，有时会暗暗着急惊艳人前的季节为什么还没有来到，莫非我是一只误以为自己是天鹅的大黄鸭。

年轻的女孩，有时骄傲得举手投足容不得半句提醒；有时又会慌张得手足无措不知置身何地。她在心里一再惶恐一再追问，我应该是一个怎么样的我。我该如何塑造我？

为了这个问题，她也许会用力过猛矫枉过正，一心想要在人群中突围而出，一时英伦风、一时哥特风、一时校园、一时名媛，然后回到家盘点自己的一切表现，又觉得皆不满意。

只有等度过了这段如花娇艳的年龄，她们才会恍然惊悟：原来那时候，我怎么样都是美。一颦一笑尽是青春的骨胶原，一举一动都是阳光的弹跳力。当时何必如此纠结，只管大大方方，自自然然好了，唯有尽情展现才不辜负此刻时光。

想笑的女孩子尽管甜笑，你又怎知“冰山脸”不是在心中暗暗倾慕你的开朗；脸上的表情尽管瞬息万变好了，咋惊咋喜对一切事情都觉得惊奇和感动，这种反应愿你一直保留。

不必急着穿上黑丝袜和高跟鞋，不必羡慕熟女的气场和风度，这些东西年轻的女孩也是迟早会拥有的。学习喜欢自己此刻的样子，拥有这种心情的女孩才会淡定从容。亦舒说，最好的美人是美而不自知的。女孩子未必要不自知，但可以尝试做到不强求，不骄矜，不自卑，像山间的木芙蓉，不是为了谁特意开放，不期而遇，只管珍惜和享受。

大补鸡汤

无论我们怎么努力，可能也没有办法把所有人眼中的自己都打扮得美美的。但是，我们也不需要责怪自己魅力不够。舒舒服服做自己，清爽整齐，自然会有爱你的人觉得你很美。能让你在他面前从容绽放的人，才是真爱你的人，说不定，“冰山脸”就是其中一个呢。

3

第三章

梦里不知身是客：看别人的故事读自己的经

1 你愿意为自己花费多少时间？

肯花时间的才是真爱，包括对自己。

情景回放

小明的老师为自己申请了一个不短不长的假期，大家问她原因：是病了，家里出事了，还是说在二胎年代里她怀孕了？

其实没有什么原因，老师还是能走能跑身体机能一切正常，家里人也健康，她只是觉得情绪不高，想要歇一歇。

那么问题来了，“我觉得有点累了”是不是一个正当的休假理由？

问诊寻因

聪明睿智如你当然会说算啊，君不见，传说中总有人辞职去旅游寻找生命的意义吗？像这种两三个星期的短假，简直是不值一提的小儿科，回家种棵菜恐怕都还没发芽呢。可是，我们当中真的有很多人能够理直气壮地对老板说，我累了得回家歇歇吗？常态应该是一边喊累抱怨，一边消极怠工，一边咒骂不体贴的老公，一边催促小孩抓紧做好作业吧。更有甚者，我们哪里知道自己已经累了、已经枯竭了，我们只是在自己密密麻麻的时间表里见缝插针地刷淘宝、看网络小说，运气好的时候抢购几张特价机票，安排出游，大包小包赶飞机，更加大包小包地人仰马翻地回来，附送每天更新N遍的朋友圈，然后生活继续，陀螺重新被抽一鞭子，报表、作业、晚餐和脏衣服。

这就是我们想要的假期么？

无所事事的时候，你能不心虚么？不事生产的时候，你会心安理得么？

你的无病呻吟会被认真对待吗？在人人都要马不停蹄的日子里，你可以无所作为吗？

小明的老师啊，本着大胆假设、小心求证的科学精神请了三个星期的假，结果放假第一天，她的内心却充满了罪恶感，空虚迷茫、惴惴不安。每天早上起来满心纠结今天该干些什么，洗衣买菜，备课学习，似乎没有安排实质内容的时间都是浪费。于是她对自己说，坚持下去，顶着内心自我谴责的声音坚持下去，如果爱自己是此生修炼的终极功课，此刻就是破除惯性迷障重新学习宽容自己的进阶课程。你看，她本来只是想放个假而已，现在却抱着悲壮到“咬定青山不放松”的精神在坚持。

越是乖巧的孩子，越是勤恳的老好人，就越会出现这样的症状——而我们平时竟然还会将之合理化为勤奋、敬业、自觉、负责等美德。

原来我们从不允许自己做性价比不高的事情，不允许做不负责任的事情，不允许做看似不合常理的事情。原来我们所信奉的对得起天地良心、俯仰无愧是这样的对不起自己。

大补鸡汤

去喝一杯下午茶吧，去发一天的呆，去看一本已经期待很久的小说，去漫无目的地在街头闲逛而一无所获。

小的时候大家羡慕琼瑶奶奶《一帘幽梦》的紫菱运气这么好，居然不想考大学在街上乱逛就捕获了费云帆这样一枚优质大叔。后来觉得这种剧情纯属扯淡，白日做梦，欺骗万千少女。现在又看山还似山地恍然大悟：一个这么小就敢坦白说自己不想读书，就明确知道自己不开心然后还纵容自己放空的女孩，她幸福的概率确实是会比一心要优秀的姐姐绿萍更高啊。

因为懂事的人只好一直懂事下去，哪怕其实她不快乐。不爱自己的人，能量消耗特别快。

原来任性也是要学习的，原来所谓的爱自己，我们做得还远远不够多。

2

据说有人不折腾，毋宁死

就是因为人近中年才想辞职啊！

情景回放

小萌最仰慕的人是她的小姨，优雅精明，事业小成。最近听说小姨要从待遇优厚的单位辞职，小萌家里炸开了锅，什么“年纪也不小了，外面风大雨大你到底图个啥”的疑问循环立体声播放个不停。而小萌暗中想：小姨好帅啊！

问诊寻因

在很多人看来，有幸待在一个名头大、待遇佳的工作单位安心坐吃等死，那是足以告慰父老乡亲的好事，要是能捞个一官半职那就已经是人生赢家了。如果你还是个人们口中所称的熟女，那么大家都会觉得买买买才是你的正职吧！

难道不就是因为人近中年，心智成熟，才想要辞职吗？年轻的时候努力打拼，无非想要为自己在社会争得一席之地，有时就算觉得真惭愧啊我竟然是一个得失心这么重的人，可是这场职场游戏你还是会玩下去。当人什么都没有的时候他会致力于去获取，就像人饿了要吃饭，但当他略尝滋味不再慌乱无知的时候，他就会挑自己爱吃的东西。因为知道自己的需求，就会果断放弃自己不想要的，反正人生饕餮盛宴我又吃不完，更何况时间有限呐。

很少人会那么聪明在人生一开篇就知道，自己的画风该走什么路子，因此年轻的时候我们常常会下笔千言，但离题万丈。但是人近中年，稍有经验，自我认知也比较清楚了，开头就算拖沓啰唆，现在也总该知道如何直奔主题，此时不转身入题，难道就任其啰唆废话下去凑成一篇不知所云的烂文章吗？

任何时候都只满足“腹犹果然”的人，乐趣会少很多。有人认为“不折腾会死”是一种刷存在感的病，但其实，悬念是对冒险者的最好奖赏，可能性才是保持生活趣味的必要条件。生活的画卷徐徐展开，深浅浓淡奇形怪状值得我们去期待和发现，或意境超绝，或图穷匕见，但你会甘心停下拨动它的手么？既然人生未完待续，那么败笔妙笔又怎么可以匆匆论定呢？

大补鸡汤

有人喜欢现世安稳岁月静好，有人喜欢惊涛骇浪挑战极限。小白兔只管做小白兔，大灰狼还是做大灰狼。但是总有些人披着狼皮纠结自己为何爱上了羊。所以啊，想折腾尽管折腾吧，生命的萝卜青菜尽管都去尝尝。

就是因为不知道前面有些什么在等着自己，我们才会好奇要走下去，不一定会初极狭才通人，后来豁然开朗见桃花源，但是人这一生，多少弯路也是必经之路。人到中年，错失的后悔的百般滋味千种风景也尝过一些了，这个时候，不按自己的心意活，前面的日子就真是白过了。

据说，人生并没有什么绝人之路，有的只不过是内心匮乏以及你想得太多。

3 自我感觉良好是一种美德

我自己觉得高兴碍着谁啦?

情景回放

一到寒暑假，小明的朋友圈就成了旅游摄影作品比赛，各方好友都晒出自己的旅游照片，显摆自己的买买买、拍拍拍。从芬兰到清迈，从日韩到九寨，足不出户的小明也就高高兴兴跟着朋友圈游历一番，他说我天天自然醒、慢生活，出门有出门的奇观，在家有在家的舒适。

好友小萌夸小明，心态好才是真的好呀——别人看着千好万好也不如自己觉得好。

问诊寻因

所谓白天不懂夜的黑，甲之蜜糖乙之砒霜，一千个人有一千个哈姆雷特。这些话都说明人与人之间存在巨大差异。这种差异即使是亲如父母儿女，也不可能抹灭，毕竟父母只是我们来到这个世界的新手大礼包，并不是外挂更不是游戏指南。

能够安安心心觉得自己过得挺好，是一种罕有的美德。这种“挺好”包括我们不需要在公认“适当的时间”做“应该做的事”，也包括不需要按照某一种标签和惯例来生活。

小的时候，在考场上看到别人下笔如飞，我们心里就难免着急惶然，不管自己会不会都跟着急冲冲在卷子上乱写。要是看到别人竟然提早交卷，那么更是会阵脚大乱，怀疑自己根本是个笨蛋傻瓜，这回考试必败无疑。

到了社会工作，我们好像还是不能摆脱这种“怂货”心态：看到闺蜜谈恋爱了，就会怀疑自己的魅力；听说高中同学发家致富了，自己的前途似乎一片黯淡；同龄人结婚生孩子了，感觉作为单身狗的自己就成了个怪物，每年春节继续讨红包简直厚颜无耻。假期，大家都签证买机票去旅游了，待在家里的人成了孤单的可怜虫；过年大街上人人喜气洋洋穿得红彤彤像个长脚的利是封，而你竟然对“向全国人民拜~年~了”这样的节目不感兴趣，真是数典忘祖自绝于人民。

当你明确知道自己想怎么过的时候，你不会在乎自己看上去和别人过的是不是一样。

可问题是，我们总是要看着别人怎么过来安排自己的生活，就像看到前面超市排队如果不跟着排一下感觉就会错失良机追悔莫及。

跟随群体的节奏好像是一件挺有安全感的事情，而离群单独行动就会求救无门。这种想法还停留在原始社会物竞天择的水平上。

人类文明进步就体现在个体意愿越来越得到重视，并且被付诸实践。个体差异被承认和尊重，生活形态更趋多样化个性化，这应该是时代发展的必然趋势。

所以，与众不同不意味着步调落伍，可能只是你进化得比较好。

大补鸡汤

有人开玩笑说，爸爸妈妈请别来催婚，毕竟看着你们吵闹多年，我也没催你们离婚啊。

每个人都有自己关于生活的选择。让我们安心走自己的路吧，自我感觉良好就够了。

过年，可以不向往团聚；结婚，可以选择丁克。

尤其是女性。她不一定要温良贤淑，也不一定要热衷生育。

所谓文明，就是让每个人都安安静静地按自己的心意做事，但不必承担被视为异类的压力。

做自己，才是一生必须认真完成的重大任务。

4

活得这么累，干吗还自带偶像包袱

坏女孩不一定走遍天下，乖女孩多数寸步难行。

情景回放

小明的老师最近没有上班了，据说她身处离婚风波。消息一经传出，众人皆哗然。没想到啊，平时看着挺正常挺恩爱的，怎么就离婚了呢？果然家家有本难念的经，有时幸福只是看上去很美。

问诊寻因

每个女人都自带偶像包袱，先别急着否认，别说自己长得平凡就从来不曾有公主病。

作为一个有追求的妈妈，我们希望别人眼里的自己是什么样的？希望对孩子温柔对工作尽责；出得了厅堂，进得了厨房；穿衣打扮走欧美风，舞文弄墨小资情调；既要熟知超市打折行情，也要知道最近上映的文艺电影，生生把自己活成三头六臂、七十二般变化；不肯承认自己力有不逮心有不甘，更不肯承认自己百般努力其实别人并没有看在眼里表示感激。

事事周到，从不失礼，我们不妨问问自己，要做到这么体贴懂事到底是为什么啊，追求一种我没有错我对得起天地良心的道德感，或者是能做的我都做了的不愧疚，这种微妙的“圣母”心理其实就是我们的偶像包袱。到最后发现这一切的努力都没有什么用，只有耗费在自己身上的用心才能真正地滋养自己。

自诩贤妻每天在网上发布烘焙作品照片，自称女汉子声称从来没有穿过裙子，自觉有几分小资情调，最爱下午茶，岁月静好，或者干脆就是个女文青刚穷游了一趟斯里兰卡回来……无论哪一种角色，当我们为自己划分类别贴上标签的时候，我们就不自觉地按照固定角色自编自导一出生活情景剧。

张爱玲早就说过生命是一袭华美的袍子，底下都是虱子。我们在对这话手动点赞之余却往往重蹈覆辙而不自知。大众的价值标准正潜移默化侵入我们的内心，我们自觉执行之余还自以为这就是我们内心最渴求的理想。

武志红说，一个尊重自己感觉的人，所要付出的代价可能是你不能做众人认可的好人。可是这有什么关系？那些众口交赞根本不能抚慰你深夜失落的心情以及四顾茫然的脆弱。别人眼里的“你做得对”以及“你活得好”并不是我们生命里的全部真相。可惜我们迟迟没有发觉，犹如困兽，苦苦挣扎在自己设下的牢笼中，还自以为自带天使光圈。

从小我们受到的教育就是被欺负了要忍让，被辜负了要理解，别人不仁我不能不义，他要赖撒泼是他丢脸，我隐忍宽容才是风度。从来没有人告诉你，谁伤害了你就算不以眼还眼，也该从此敬而远之坚决说不。也没有人告诉你，自己的感觉远比现实的道理更需要尊重。

大补鸡汤

不肯承认失败的人最为失败，不肯面对现实的人最为不幸。向往阳光的同时，身后当然还有阴影；没有遇上合适的人也不代表人生一败涂地；不符合大众标准的选择也不是罪过。

人生的优秀不在于你得到了多少，有时更在于你拒绝了什么。人生的快意也从来不在于你的懂事，有时更在于你敢任性。

大众偶像从来都不好当，我们来此世间一遭，已是亿万分的幸运，百般际遇不是为了取悦他人，只是为了活出自己。

放下包袱，轻装前进，毕竟风景这边独好。

5

我们能偏离日常生活轨迹多少度?

生命追求温度，还有力度。

情景回放

小明住校了，小明妈妈感觉自己成了“空巢老人”，于是她有天突发奇想，想要按照自己的心愿好好乐一把，要度过不同凡响的一天。小明妈妈在策划这非凡的一天时忽然发现自己对于玩乐极其缺乏想象力。去吃一顿大餐?无非海鲜刺身鲍参翅肚；去疯狂购物?并没有什么心愿清单。和闺蜜去泡温泉，闺蜜很忙，温泉感觉也就那样。小明妈妈很泄气，她感觉自己是只小小鸟，就算被生活放飞却怎么飞也飞不高。

问诊寻因

我们都过着极其规律的生活，不论朝九晚五还是长期做空中飞人，这些活动都构成了我们的日常生活。我们的想象力被自己的生活轨迹和范围所决定。就像高中政治书里说的那样，没有见过鱼的猫不

会在梦里遇见金鱼。小明妈妈的突发奇想其实都是乞丐所想的那样，等我有钱了买两个馒头，吃一个扔一个。就像偶像剧《陪你去看流星雨》一样，豪门公子都穿美特斯邦威，大手一挥就承包一个鱼塘。

吾生也有涯，而知也无涯。我们一直以为，能力有限而欲望无穷，原来我们的欲望虽然无穷，可无奈想象力却匮乏，很多人只是想要更多的馒头，但却不知道这个世界除了馒头外，有趣的东西多着呢。除了美食和华服，赞誉和进账，我们还有什么方式愉悦自己？

我们能偏离日常生活轨迹多少度取决于我们的行动力和想象力。而首先起作用是我们的想象力。广告商鼓励人们心有多大，世界有多大。现实很可能是世界再大，与我无关，我只是一只井底之蛙。

我们能如愿地结束不如意的婚姻么，换掉不理想的工作离开雾霾重重不见蓝天的城市么？还是说在日复一日像复印机般劳作的日子里动弹不得。怪不得龙应台教导儿子说：“孩子你为什么要读书。”会有那么多人点赞，说白了她的意思就是要是你当上学霸你就可以有底气说老子有钱，我就喜欢。

其实反鸡汤的真相是，你未必能当上学霸，当上学霸也未必有钱，有钱也未必敢说我就喜欢。

最后你就会像小明的妈妈那样灰心丧气地发现：我没有真正地喜欢什么，我只知道我应该做什么。因为想象力早就在很多次“我应该”以及“怕就怕”还有“没那么简单”的他人告诫和自我约束中丧失殆尽了。

如果我所能想到最值得期待的事情只是出国转一圈，我又怎么能怪这个世界不够精彩？

大补鸡汤

所谓心有多大，世界就有多大。你对这个世界爱的热度，决定了你探索的力度，而你探索的力度又决定了你足迹的广度，见识的深度。无论需要偏离日常生活多少度，走出去，满目风景，生命的温度浓度值得你追求和倾慕。

6

为什么我们长大后成了没有故事的女同学

最重要的是相信自己，相信自己的价值。

情景回放

小萌从小读书都认为自己勤奋有余聪明不足，并为此暗暗自卑。她把别人想得很厉害，如果自己考得好，那就是侥幸“狗屎运”，如果没考好，那是自身水平的真实体现应有此报。班主任知道小萌这种想法以后对她说，小萌，你曾达到的高度就是你能够达到的高度。你觉得自己不够聪明，这种想法就是你最不聪明的地方了。

问诊寻因

在传统教育里，师长总是教育孩子不要骄傲翘尾巴，你要是自我感觉太过良好，可能终有一天会由高处跌落。在这样的教育下，每个人都缩手缩脚，木秀于林风必摧之，枪打出头鸟的教训时刻悬于头顶。

女孩子受到的约束更加多，男孩子还可以去野一野，女生就只好限定在文静懂事的人物设定里了。所以每所小学每个班里都一定有像杨红缨小说里路曼曼这样的小女生班干部——认真乖巧，严于律己，最看不惯的就是张狂的马小跳们。到了中学，路曼曼认真勤奋依旧，但是渐渐地，那些数学物理面目变得狰狞，再不像小学班主任那样对自己随和亲切。而身边的男生好像还是这么傻，只想着玩，但是偏偏数学题到他们手里就是小菜一碟．于是他们就更骄傲、更轻狂了。偏偏这个时候就会有人不知道从哪里冒出来说，女孩子呀，脑子就是不好用啊，乖又怎么样，还是男生野一点儿才有潜力啊。

路曼曼觉得真是冤啊，小的时候不许弄脏衣服，不许课堂讲话，要守纪律要勤奋认真，这一切明明我做到了。一直备受夸奖的优点为什么又成了短板。小的时候一味要求我要乖，到了后来，却又说我，只是乖和勤奋而已。单纯被看作是蠢的同义词。她们从令人瞩目的小干部变成泯然众人的乖乖女。

作为那些从小被要求要懂事的女孩子中的一员啊，有时候真的不明白为什么有些人会那么信心十足地胡吹乱侃，难道做人不是要脚踏实地吗？也不明白为什么有些人会这么即兴说走就走，说干就干，难道做人不是要谨慎吗？更不明白有些人会这么妖孽把自己当作发光体就是不一样的烟火，难懂做人不是要低调谦虚吗？就是那些违反一切教导的人啊，他们活得更肆意快活可能也更光芒夺目，为什么呢？

而莫名其妙地，长大以后的路曼曼们就成了没有故事的女同学，听听《董小姐》的歌声，惆怅家里都不可能有草原。

大补鸡汤

就算乌云遮挡了星光，难道星星就不会发光发亮了吗？它依然是夜空中穿越万年的璀璨。听过了很多人生道理的我们要是想过好这一生，最重要的还是要学会听取自己内心的声音。

什么时候我们才能听得到自己内心的声音呢？什么时候我们才能相信自己的声音是唯一要追随的方向呢？

只有在我们相信自己的价值以后，只有我们真的把自己内心感受看得比其他一切世俗规则和意见更为重要以后，我们才有可能捕捉到自己内心真正的愿望。

终有一天，你会醒悟，不管自己看上去是勤奋还是聪明，都没有关系，你就喜欢你自己。不论世界回报你什么，你都乐意接受，并且不将之视为外界对你的评判。

爱自己的人生，每一个生活细节都在熠熠生辉。

7

现实生活中真的有完美暖男猫爸的存在吗？

别人家的老公特别暖。

情景回放：

小明妈妈在微信和微博上都看到了电视剧《虎妈猫爸》的截图，里面虎妈说："老公我想辞职行吗？"猫爸说："老婆，行啊！是不是压力太大了。没事，辞，有老公呢！老公养你！你踏踏实实辞，赶快回家，老公给你做好吃的。"于是小明妈妈在心里给猫爸一万个赞，表示感人肺腑、暖遍人间啊。

问诊寻因

猫爸这样的回答简直可以写进教科书，作为直男回复女友突击一百问的标准答案。同类问题包括：你爱我吗？你为什么爱我？你有多爱我？以及我和你妈掉水里你先救谁？生产的时候发生问题大人小孩先救谁？说起来谁要是把这些答案整理归纳形成模板以供直男参考，这可是功德无量的事情，可以拯救无数口拙心粗不解风情的所谓大男子主义者。

现在问题来了：像电视剧中这么完美的暖心的猫爸型人才真的存在吗？广大女性观众可是求才若渴啊。你看，初恋唐琳不是出现了吗，当婚姻遭遇初恋，暖心猫爸也是心中小鹿乱撞误会频出啊。随着剧情的发展，网友们会不会又说连猫爸都疑似出轨了“我再也不相信爱情”了呢？

只有不够成熟的人才会眼里容不下沙子，执意要求完美。如果你足够成熟圆通，你就会知道暖且只对你暖能满足你所有需求的人实际上在这个世界上并不存在。是的，重要的事情要说三遍：完美的暖男实际上是不存在的；不，存，在；不——存——在。偶像剧里的帅哥会为你承包一个鱼塘，可现实里每个人都血槽已空并没有力气担负你的哀伤。

并不是说看破红尘蓄意贬低男人这种生物。实际上，所谓完美暖心，越是缺爱的人越会需索无度，越会渴求被爱的证据，然而，永无止境。就像电视剧里的虎妈毕胜男，她根本不知道自己到底想要什么，只是想要赢想要比别人好，这样的人生是永陷斗兽场不得安宁。像这样的妈妈，无论配偶是狼是豹是猫，什么猫科动物都不能使她感觉完满。毕竟找一只宠物还容易，找一条懂你的蛔虫可真难，尤其是在你还不懂得自己的情况下。

如果你很冷，你感觉不到别人的暖；如果你不满意自己，你看不到世界的完美。

大补鸡汤

其实完美是存在的，只要你内心圆融，可以接纳自己的局限，心平气和地承认：谁都不容易，当下这样也很好了。

所以，不要让别人为你的不自信埋单好吗？你的丈夫没有陪你深情款款地吟诗赏月看星星，那又有什么关系呢？张德芬姐姐早就情深意切地说过：“亲爱的，外面没有别人，只有你自己。”

说实在，其实在外面混不好要辞职，老公说愿意养你有什么好感动的，把自己的人生批发给另一个人负责从此一劳永逸的戏码根本不值得羡慕且不存在。

陀思妥耶夫斯基说过：“人这种卑鄙的东西，什么都会习惯的。”把这句话送给你，不向外索求的生活你也可以学习并且习惯的。

8

不要公主病，只要女王心

每个妈妈都能做女王。

情景回放

小明妈妈最近爱看综艺节目《花儿与少年》。她感叹：没有公主命，就别生公主病。你看许晴：出生在北京外交学院大院里，家世显赫；基因强大，妈妈是总政歌舞团舞蹈队队长；而且许晴本人从小就是个学霸。

问诊寻因

女人要是有这样的履历，她当然可以一直保有少女般如梦似幻的眼神，而且拿这样的眼神看谁都是所向披靡，无论对方是总裁还是塘主。

问题是，没有这样的家境背景，穷苦出身的女子就得去死吗？她就不能梦幻，不能撒娇，不能发痴了吗？凭什么？要知道，少女撒娇是天赋人权，就跟撒尿一样。发痴也是，不论是谁，想发就发，就跟“深夜发吃”一样，姑娘我就爱报复社会啊！

老一辈的人总教导年轻人要夹着尾巴做人，发言是抛砖引玉，做事要恭谨谦让，凡事都得掂量掂量自己的斤两。等你熬白了头，多年媳妇熬成婆，终于有点资历和分量了，你就像俗话里说的那样“常常坐上座，渐渐入祠堂”了。

凭什么呀？少年不能轻狂，少女不曾梦幻，那青春期除了长痘痘还有什么难忘的事呢？人生不就白过了吗？

就算不再年轻，那问题又来了：都已经不再年轻了，老娘我为什么还要看别人脸色啊？难道过往摸爬滚打的岁月都付诸东流吗？

每一个成年人都知道不要给别人添麻烦，因为人生本身就是个大麻烦，所以公主病真不要有，毕竟减肥中心里的客户人人都有韩红的病，却没有韩红的命。

但是，把自己看作是公主，那是愉快人生的必备条件。公主是不会去做小龙虾兼带小孩一脚踢，结果忙完出来发现小龙虾都给老公吃光，只好上网发微博哭诉。公主也不会大冬天晚上守在少年宫门口只是为了接小孩兴趣班放学，连杯咖啡都不舍得喝。

微博上的小龙虾事件表明：时代过去那么久，女性的地位还是没有得到根本性的改变。网民对许晴的非议也说明了这一点。别说人家有条件梦幻，就算没条件，一个女子常保天真，时时娇嗔，关你路人甲什么事？

为什么有那么多人跑出来指指点点，说该女子行为举止应该如何如何？撒娇还是撒泼难道不都是人生的自由选项吗？

张雨绮离婚，大家又说大S赢了。这两件事到底有什么关联？

难道时间过去那么久，像《项链》玛蒂尔德这样娇媚天真的女孩子，她最好出路就是嫁给一位真心爱慕她的有钱人这种人生观都没有一点进化吗？

一个离婚的女子就是输家，一个迟迟没有结婚的女子就是败犬，一个年过四旬还娇羞无限的女子就是无耻，到底这种评判标准是从何而来，为什么还不快滚？

大补鸡汤

每个成年人也应该知道，人世间最应无条件宠爱和迁就的就是自己，因为你完全可能终此一生并没有遇到愿意为你这样做的人。

尤其在这个烦嚣的人世，充满各种指指点点的声音，你不爱自己，不强悍地维护自己，你注定会被淹没。

做一个保持天真乐意做梦的公主，如果有人要上来评论你，别怕，你也是一个无所畏惧的女王。

9

意淫男神李健，伤身又伤神

把口水擦擦，该干吗干吗。

情景回放

小明妈妈最近又爱上了看综艺节目《我是歌手》，“秋裤男神”李健是小明妈妈的新宠。男神多优雅多文艺啊，连他屁股下垫着的那本书据说都高雅得不行，小明妈妈听都没听过。

问诊寻因

世界上最遥远的距离，莫过于你是神仙眷侣名利双收自在逍遥，我身边是抠脚大汉肚满肠肥只等周末看跑男。

在都教授之后，“精神春药制造商们”本着造福妇女惠及大众的精神，再接再厉研发推出了新品种，第三季的《我是歌手》男神横空出世，他就是李健。男神的登场完美至极，先是王菲和孙俪在连续两年的春晚演唱他创作的歌曲引起关注，有了“只听楼梯响”的期待，然后他本人悠然自得的在向来以囤积人肉大音箱著称的

《我是歌手3》舞台登场，在撕心裂肺的音乐车祸现场娓娓唱来《贝尔加湖畔》，不染纤尘超凡脱俗。禁欲系的理工男，文艺挂的清华才子，高冷的隐世男神。将一大批自带星星眼的女粉丝虏获简直是命中注定的事。

有了先入为主的热爱，观众们惊喜地发现男神高冷之余他还穿秋裤且不会用微信，男神一颦一笑都成了群众奔走相告经久不衰的话题，贯穿了整一季的节目。

热潮已过的都教授毕竟来自外星球，可是文艺的理科男却是真真切切属于我们的呀。在据说是李健妻子的微博流出后，粉丝的陶醉情绪到达顶点，你看妻子娇媚慵懒“你去给我冲杯咖啡”，男神情深款款“和你在一起才叫时光”。

粉丝对偶像的热爱大都来自投射和代入，意淫偶像是粉丝专属福利。TFboys的微博下一大批想当妈的，王思聪的微博下都是喊“老公”的，韩寒的微博则是“女婿集中营”。于是，完美成了男神女神们要担负的任务，稍一失节就会有一大拨路人要你为他的“再也不相信爱情”负责。其实男神过得怎么样，关卿啥事？你光顾着看他穿秋裤，幻想男神亲手泡咖啡，可别忘了，男神自可以谈他的情，你却还得洗昨晚的内裤和碗筷呢。

所谓意淫，就是白日做梦。《红楼梦》的贾瑞丧命于风月宝鉴，多少当代女性迷失于意淫男神。你又没有生就社科院美女博士的命，却又拥有一颗肖想李健男神的心。当你从丰满的幻想回到骨感的现实，目之所及皆为屌丝，情何以堪？不解风情是男朋友的天然属性，不做家务是家里老公的最大顽疾。男神是身穿大牌诗情画意，现实中你是例牌当分母抽个奖都不会中。

大补鸡汤

男神虽好，意淫无益。各位千万不要心怀男神，就以为自己连开个矿泉水瓶盖都没力气，求爱非要别人下跪兼摆一个心形蜡烛阵，弄出一身公主病，却怨别人不懂你的少女心。

所以啊，意淫男神，伤身伤神。与其关注男神彻夜刷微博，不如切切实实睡个美容觉。与其冒着星星眼赞叹男神的完美遐想天上掉下个健哥哥，不如衷心感谢肯和你换个时间值班的男同事。毕竟，男神在云端，生活在当下。

你要知道，琼瑶女主的戏码不属于我们平凡人。所谓现实人生，它注定不会完美。在每一个周末的夜晚，打开电视看看帅哥近身肉搏撕名牌，何老师上蹿下跳恭维嘉宾。电视里的他们之所以显得那么熠熠生辉是因为我们的生活过于黯淡，但就像月亮再怎么仰望太阳它自己依旧不会发光一样，与其花痴赞叹别人的人生，不如回头看看自己身边那个正在换灯泡的家伙，为他点个赞。

其实，点亮我们人生的不是男神，而是我们对自己恬不知耻的欣赏和自以为是的满足。

10

当大龄女神都找到了小鲜肉

说爱情不分年龄的还是要看颜值吧。

情景回放

身为娱乐百晓生的小明妈妈最近看到娱乐圈里出现很多大龄女星和小鲜肉拉埋天窗的励志新闻。她觉得真是为大妈们扬眉吐气：你看看人家，自己逆生长就算了，还侵占妙龄少女的情感市场，真是阿姨威武啊！

问诊寻因

所谓女神，就是颜值、风度都拿得出手；所谓大龄，不要以为这是个贬义词，这往往意味着她对这世界已经有了足够清醒的认识；大龄女神，就是女人活到一定岁数，终于摆脱了小女生对爱情玫瑰色的幻想，不必把自己的快乐寄托在另一个人对她的忠诚和喜爱上，而同时她经济独立，头脑清楚，骨胶原蛋白的流失还不明显：这简直再好不过的事了。

当女人真的成长为橡树而不是丝萝，她尽可以在丛林里挑选一棵喜欢的树木和自己比肩，风中致意，泥里握手；她也可以让自己成为一道风景，百看不厌摇曳生姿。

所谓小鲜肉，年轻、有貌、率真、坦白。一个男人，在他还来不及陈腐，还练不成势利的阶段，是多么美好的存在啊！你看，女人就是这样贪心的，她既有“总裁爱上我”的少女心，希望你尽显伟岸高大保护我，又有“保护弱小”的母性，希望你稍示软弱，懵懂依赖我。一个靖哥哥可以满足周迅关于男人所有想象，一个男人可以在女人面前充当多种角色。

就像菲姐说过那样：如果男人这种生物自带背叛属性，为什么不选一个帅的来爱呢？小鲜肉不但帅，而且年轻，就算女神已经活到了只爱香菇青菜的仙气飘飘的境界，面对小鲜肉这样鲜嫩多汁的物种还是难免心生喜爱不能抗拒吧。就如高圆圆这样肤白貌美气质佳的女神，虽然不复当年广告里“我想知道清嘴的味道”少女气息，但是新婚丈夫赵又廷往身边一站，高圆圆的知性美又添几分。挺拔的鲜肉是她的最佳配饰，向世人宣告她无惧岁月的冲洗在情场依旧无往不利。

所以大龄女神和小鲜肉真是相得益彰的搭配。一方从容优雅，不会对你“索命连环call”；一方跃跃欲试，对世界充满好奇。香菇青菜因为有了鲜肉从此接了地气，复活了少女心，菲姐除了高冷睥睨也会娇羞索吻。鲜肉因为有了素菜也就减了油腻，翩翩少年除了耍酷也懂得深情款款进退有度。

大补鸡汤

我们如此赞赏女神与鲜肉的组合不是这么肤浅说因为姐弟恋利好多多，而是说，当一个女人成熟到不需要找个男人对她的人生负责的时候，这无论对她自己还是对她的伴侣都是一种解脱。女人可以纯粹是因为喜欢而选择伴侣，不介意年龄和地位，更无须把自己看作是婚恋市场的时鲜产品害怕过季打折。

日本前首相鸠山由纪夫比妻子小四岁。两人于1975年结婚，育有一子。鸠山与夫人幸相识时，幸当时已是有夫之妇。鸠山后来谈及这段“不伦之恋”时说：“别人是从未婚女性中挑选妻子，我是在所有女性中挑选妻子。”

举这个例子不是鼓吹婚外恋，只是想说明，爱是一件不必附加条件的事情。忠实于自己，对自己负责，这也许是小女生之所以成长为女神的秘诀。孟郊有诗云：“如何不自闲，身与心为仇”，想要留住骨胶原蛋白，身与心须得不为仇，如此活在这个接纳你的又被你接纳的世界，才能自得其乐。

11

论“傻白甜”的生存之道

爱笑的姑娘运气好。

情景回放

说起傻白甜，形象点说，《五十度灰》里的女主就是个不折不扣的傻白甜，她除了咬嘴唇和脱衣服就没干什么事，偏偏赢得霸道总裁的爱。小萌妈妈提醒女儿说：“切！你要把言情小说里意淫当真那可不只是傻，还是贪，妄想不劳而获。这个世界上可没有随便一撞文件撒一地四目相对就产生的爱情。”

问诊寻因

傻白甜不是心机女，前者是真傻，后者是装纯。那真傻的人是怎么在这个腹黑学大行其道的世界活下来而且还活得不错呢？别忘了，这是个看脸的世界，肤白貌美的妹子本来就广受欢迎。

大家可能会以为，“哟”三观不正哦，你这么说不就是恃靓行走江湖不必带脑了吗？女权主义者还会愤然拍案：鼓吹傻白甜，不就是将女性玩物化，只负责美不必有智商吗？

如果有脸就不必拼才华当然是一种误会，但拼才华也并没有高端过拼脸吧。才华是一种利器，脸也是一种资源，行走江湖，有脑吃脑，有脸拼脸，都是爹妈给的本钱不用白不用。可是光是有脸有脑也是不够的，傻白甜姑娘她除了盘儿靓白，她甜啊！

古人说伸手不打笑脸人，古龙也说爱笑的女孩子运气通常不会太差。

高冷的公主病患者满街都是，温柔爱笑的女子才是直男最爱啊！要不然怎么恶霸们都说来给大爷笑一个呢？周幽王放火不也就是为了博美人一笑吗？他要是碰上个傻白甜可就不用费那劲儿了，火不用放了国也不会亡了，这说明周幽王纯属特殊体质，自己找虐。

从小龙女到王语嫣，金大侠笔下的女子，但凡笑神经发育不良的大概都只能做梦中情人不宜人间烟火，可是像黄蓉、赵敏那样巧笑倩兮美目盼兮的女子，却总能使人魂牵梦萦，国恨家仇也只好掀过不提。

傻白甜姑娘沈梦辰碰上男神李健，虽然一直都呈现星星眼加流口水的花痴形态，但并不惹人讨厌。她拥有近距离接触男神的特权，而大家居然不嫉恨她，这不得不归功于这个姑娘看起来很傻。碰上男神，你欲擒故纵，你电力全开，围观群众可不是瞎子，谁不在心里“切”你一声。唯有真傻，大家伙儿替你可惜白瞎了大好机会才能赢得观众认同。

其实傻最大的好处是看着无害，世界上多的是聪明人，越会计算死得越惨。因为你总会遇到智商足以碾压你的人。遇不到不是你运气好，只能说明你圈子小水平低。正因为社会上只说三分话的聪明人多，肯全抛一片心的蠢人少。傻姑娘才等同于大熊猫显得珍稀。奶茶妹妹和京东老总谈恋爱的时候，网友多有嘲讽，就是因为她先前多番否认显得不亮堂。杨幂自黑脚臭大家反而喜闻乐见纷纷路人转粉。如果傻是你的真相二是你的风采，你不必自卑，与其装聪明扮清高，还不如真实彻底放下身段来得招人喜欢。

大补鸡汤

现在说的哪里是傻白甜，分明是说如果你待人友善真诚，碰巧长得不坏，那就顺风顺水了。尽管去傻尽管去甜吧，尽管把自己当作一张白纸尽情描绘，只要你不对这个世界怀抱敌意，世界也会还你以挚爱。

毕竟啊，把人生看成游乐场总比活成斗兽场要愉快得多。世界那么大，一生那么短，颜值下降、身材走样也是转眼的事，你要那么人情练达、世事洞明干什么？

12

拥有蔡康永的小S是最幸福的女人

康熙结束但他们的情谊永不结束。

情景回放

综艺节目《康熙来了》宣布结束，网上一片哀号。作为全民闺蜜的蔡康永，是各界妇女渴望拥有的知心好友灵魂伴侣。而这个幸福的幸运儿是小S。

问诊寻因

只有“gay蜜”才能分辨出你衣橱里的小黑裙们各有什么特色，这种体贴细致才是真爱好吗，老公只会说为什么还要买。想想看蔡康永对小S多么欣赏又宽容，她扮丑他说你别闹了；她刻薄他说这样真的好吗？她和别人争奇斗艳，他宠溺一笑好好好你赢了。但你看，小S赞美婆婆优雅时尚力挺丈夫去夜店绝对清白，八面玲珑，哪里有在蔡先生面前的趾高气扬。他的宽容是因为懂你。你的刻薄毒舌在他看来是机智俏皮，你的软弱愚蠢他会理解为善良天真，他会理解你的一切不得已，心疼你的柔肠百转。因为“gay”，所以他超越了性别的界限能够知晓你心底的小机密。

通常女人偏要为难女人，是因为她们太了解同性的幺蛾子。而男人这种物种暂时还没有进化出理解女人的神经。“gay蜜”就是兼具男性的博大胸怀和女性的细腻感觉的逆天生物，他是上天派来拯救苦逼妇女的没有护翼的天使。他赞叹你却不会在心底暗暗妒忌你，女人当面夸你皮肤白背地里说你粉扑得厚。他心疼你又不会把你看作他的金丝雀，不会总以为女人就那么肤浅一心只爱名牌包。

最好的“gay蜜”具备了言情小说里痴心男二的一切品质，但你却不必回报他以爱情，所以他的优良品质你尽可以享受而不需要有负担。也只有在这种关系下，你的好才会在他眼里熠熠生辉。

我单纯地喜欢你，就像喜欢天边的白云，湖边的树木，不求回报，不图占有，因此也就没有比较不作苛求。云朵自顾自地飘，树木只管独立只管成荫，都是风景。

武志红老师曾经说过中国人找伴侣的模式是找妈。解释一下就是，我希望你照顾我，好让我把我不愿面对的人生交给你负责。所以老公这个角色，呵呵，真是和老妈一样。他不上心的时候你怨他是甩手掌柜，他上心起来你讨厌他自以为是你的人生导师，却从不问问自己有什么梦想可能显得比汪峰还不如。

大补鸡汤

我们希望得到一个最好的“gay蜜”其实是渴求一种无条件的

爱吧。爱我，理解我，包容我，无论我如何。从童年到成人，我们一直期盼着这样一个人的出现。说到这里，大家都不禁伤感起来了。没有，从来没有这样一个人！就算真有人愿意负责赚钱养家，他也要求我貌美如花啊！就算是爹妈也不能真正做到，他们总是小的时候要你争小红花，大了又催你结婚生孩子。爱我如我所是，谈何容易？

只有一个人，也许真的能为你做到这一点，他不是“gay蜜”，而是你自己。

老调重弹，琵琶起舞换新声，总是关山旧别情。爱我如我所是，不求别人，只做自己。

13

为什么大家都爱“康熙”

其实我们想爱的还是自己吧！

情景回放

有人问小明和小萌为什么会成为《康熙来了》（以下简称“康熙”）死忠粉，小明说，因为他看到“康熙”里面的来宾人生观千奇百怪，但是蔡康永从来不会对来宾奇怪的言论表示褒贬，而总是这么饶有兴味地倾听。

谁都好想要一个这么宽容又聪明的朋友吧，小明心向往之。

小萌说，我就是想，像小S一样拦住自己喜欢的男生，当面夸他你长得好帅啊，我能牵上你的手吗？

很怂地躲在一边看男神的做法已经过时了，我们喜欢大声说出自己的想法。小萌宣称。

问诊寻因

十二年的“康熙”宣布停播，很多人都在电脑屏幕上看到康永和熙娣关掉灯，手拉着手走出摄影棚的那一幕，不胜唏嘘。

任何的结束和丧失都会叫人抑郁难过，包括一个陪伴你十二年的电视节目。但是真正喜欢“康熙”的人应该都会喜欢主持人的决定，因为“康熙”的价值观虽然像蔡康永在《奇葩说》那档网络节目里说的那样他从来不曾宣之于口，但毕竟还是被很多人接收到了。那就是：这个世界欢迎每一个人高高兴兴地做自己。

王尔德说：“把人分成好人和坏人是荒谬的。人要么迷人，要么乏味。”

千篇一律让人乏味，宫崎骏就说过他的创作从来不考虑观众。所以“康熙”的迷人之处就在于欢迎各位按照你的喜好展示自己。

而善于随时打广告的马东则说做一个节目，要有价值观的输出，接纳并且欢迎多元价值的存在是《奇葩说》一直奉行的原则。

我们为人以及为人父母师长也是这样啊，能够做到有趣，输出孩子愿意接受的价值观但并不强制接受，善莫大焉。

关于豆花和月饼到底是吃甜的还是咸的，番茄炒蛋是放糖还是放盐，网络上都有人为此争个不亦乐乎，还有TFboys和EXO哪个更帅简直是某些粉丝不可触及的底线是敌我阵营的划分界限，动不动就谩骂，取关，拉黑，戾气十足。

随着年龄的增长，我们都知道这些事情不值得为之拼个你死我活，我们也不没有权利强行制止别人的偏好和追求，包括吃狗肉和爱谁谁。说到底这都是吹皱一池春水，关卿啥事？但凡想要伸手去管别人脑子里的事情，都是愚昧和野蛮。而竟然不阻止别人对你的生活说三道四的人，也是难免会自寻烦恼。

大补鸡汤

我们都渴望世界待我温柔。那么，这个世界要怎么样才会温柔起来呢？少一些非此不可少一些理所当然，相信世上没有什么是大逆不道也没有什么是匪夷所思。丰富多元即是幸福本源。

咖啡可以配着油条吃，爱情当然也可以跨越性别和年龄，限制越少，想象越广。我们能做到爱自己的事情之一，就是待人宽容温柔。小到饭菜口味大到性向选择，我们大可以对彼此说：你喜欢就好。相信条条大路通罗马的人自然会比“自古华山一条路”走得更加自信和从容。这个世界观念上的规则约束越松散，我们能获得越多自由。

14

有没有人爱张雨绮的鱼头汤

释放你的攻击性和欲望。

情景回放

周星驰执导的《美人鱼》在春节档期席卷超过20亿元人民币票房，小明和小萌本着我们都欠周星驰一张电影票的心情去看了这部环保大片。小萌看了以后印象最为深刻的是张雨绮因爱成恨，气势汹汹地对邓超说，我现在就去把她抓来煲鱼头汤。小萌看得热血沸腾，小明表示不能理解，他说张雨绮那是个反派人物诶，她要去杀人诶。

小萌解释，这里无关三观，就是觉得爱恨分明、张扬美艳的张雨绮很迷人。

问诊寻因

在经典的言情小说设置和偶像剧剧情套路里，有白莲花般的女主就会有蛇蝎心肠的女配。在我们读过的小说里，女性往往以互相映照的形象成对出现。有大方得体的薛宝钗也有小气使性的林黛玉，有温柔阴险的周芷若也有爽朗泼辣的赵敏，有狠毒的白飞飞也有单纯的朱七七，有甘于牺牲的霍青桐也有娇媚天真的香香公主。不意外地，在一部电影里，有美丽善良的美人鱼，就有叫嚣着要煲鱼头汤的张雨绮。每次这样的作品一推出，你更爱谁、哪个角色的比较争辩一直持续，各花入各眼，各有所取。

那么你是爱白玫瑰还是红玫瑰呢？是隐忍善良的刘慧芳还是为爱白头的练霓裳？奇怪的是，中国的传统文本里几乎没有郝思嘉这样把自己活成一团火热烈坦白的女性角色，温和如白月光柔美如茉莉花的姑娘倒是比比皆是。所谓的玛丽苏剧情就是无论姑娘多么单纯到近乎白痴，还是会有一大堆人哭着喊着喜欢她，即使在《美人鱼》也是如此，不谙世情的美人鱼完全赢得了宣称几百亿生意几秒钟就可以谈完的超级富豪的心，而有财有貌身材绝佳的张雨绮使出浑身解数却望男兴叹唯有痛哭。也许在人们心中，理想的女性形象是纯洁柔美的，只有奉献没有攻击。

“00后”的小萌却觉得，坦率说我要，我很美很好的美人最有魅力。姗姗心里装着族群和爱人，就像周星驰电影里唱的那样情与义值千金，为知心牺牲又何憾。而若兰心里首先是自己，她不像美人鱼那样在族群和爱情之间纠结摇摆，她忠实于自己的喜好，不羞愧自己的欲望，相信自己的魅力，热情地对心仪对象发出邀请。在中国的文化传统里人们更认可的是姗姗，但老实说现实生活里没有“最后他们幸福地生活在一起”这样的圆满结局。想要满足照顾所有人却把自己放在最后，这样的人难免痛苦，但一个勇于表达自己感受，清楚知道自己想要什么的人内耗会比较小，活得舒服的概率比较大。

美好女性的性格标签总是离不开善良纯情温柔包容，时时刻刻闪烁母性光辉。欲望如果强硬地施加在别人身上，要喊打喊杀拿人去煲鱼头汤，当然不足取。但是，我们要真实地承认：女人首先是一个人，会爱也会恨，她首先为自己而活，而不是为谁奉献。

大补鸡汤

大大方方地对世界说我想要，世界也会慷慨地成全你。

也可以理直气壮地拒绝不喜欢的东西，保护自己。

自古以来，女性需要担负的美德和责任已经太多了，释放自己的攻击性，坦白表达自己的欲望，减少纠结和内耗，舒服自在的生活，你值得拥有。

15

从“妇女节”到“女神节”“女王节”

不放假不送礼的节日都是耍流氓。

情景回放

小明妈妈发现，原来现在“三八妇女节”早就不叫妇女节了，它从早几年的“女生节”到今年已经被称为“女神节”“女王节”了。广大人民群众对“妇女”二字可真是不待见啊，品味一下，“妇女”这两字好像就是包含了年纪大、世俗、劳作和粗糙的意思。而且“三八”听着也不是好词，所以商家把这天改名叫“女王节”，果然是让人舒服很多啊。

问诊寻因

过去人们说“妇女能顶半边天”，其实这话本身就把女性看作第二性，稍低于男性，要不怎么说能顶呢，意思是这天本来是男人们的，现在女人也能干活贡献效益了，所谓“顶”听着就是把女性拿来凑数。

但到了现在这满大街女性都被喊女王女神的年代，男性都被段子手称为“妇女用品”，女性的地位是不是就已经大大提高了呢？

都说女人和小孩的钱最容易赚，而小孩的钱又是由女人花出去的，所以精明商家当然把火力集中对准女人。在“三八节”前后，地铁里都是各大电商的广告。护肤品和服饰，是当中最主要的内容。因为女人最爱化妆和买衣服啊，女为悦己者容，你负责赚钱养家我负责貌美如花嘛。其实这何尝不是一种定向思维隐形歧视啊。有人可能会说，你女权癌吧，看个广告至于嘛？

但是请问，女人有没有不美的权利呢？虽然爱美之心人皆有之，但是精致优雅美丽就应该是女人的固定标签吗？平头，爱打电子游戏；精于理科知识，不修边幅，你觉得这里描述的是一个什么人，男人？对不对，大家都会觉得这是个男人。而我们现在看到的房产和汽车广告，主角大都是成功的商务男士，在高速路上风驰电掣，美艳的女人往往作为猎物的形象出现。这里体现的不就是一种性别的刻板印象吗？我们活在了自己制作的标签当中。

作为一个人，无论性别，她（他）可以是自己喜欢的任何一种模样。在一个属于女性的节日里，广告商也可以向女人发出这样的邀请：你看，房子，车子，最新的电脑，跑步用的心率表，你可以考虑买一个当作送给自己的礼物。一个时代，一个社会，如果有更多的女性享有财务自由，有兴趣有能力购置最新的科技产品，而不仅限于名牌包包化妆品和珠宝，对世界具有开阔的视野，对自己的人生拥有完全的自主。那么这才是一个更进步的社会。

在“女人是否上桌吃饭”都能在微博形成热议的今天，女性显然还没有真正地和男性同享一片蓝天，即使女人已经被称作“神”和“王”。

大补鸡汤

不把自己设定在一个具体角色里，不为自己的生命领域划下界限。不需要做谁的女神或女王，首先我们要做一个平等的人。这里的平等不是说强行和男人看齐，和男人做一样的工作享受一样的待遇。而是说女人拒绝被定义，拒绝贴标签。不要说女生就是学不好数学，也不要认为女生就只爱玩洋娃娃穿粉红色。见到一个女孩不要第一时间夸她长得漂亮，请关注她的头脑，问问她最近在看些什么书。见到女性开车不要立刻说她是马路杀手，路盲。看到一个女生从实验室走出来不要惊异她居然有胸还有脑。同样，看到一个男孩哭，也无需训斥他男儿有泪不轻弹。

这一切，从我做起。

16

身为一枚吃货的生物自觉性

生活的每一个细枝末节都在发光。

情景回放

小明看书读到金圣叹说：“豆腐干和花生米同嚼，有火腿味。”又读到汪曾祺说：“高油咸蛋的特点是质细而油多。蛋白柔嫩，不似别处的发干、发粉，入口如嚼石灰。油多尤为别处所不及。”身为一枚吃货的小明每每看到这样的文字，都在心里升起向往之意。小明自己也有一个关于吃的独家秘籍：油条蘸白糖，配以咖啡，非常美味。

问诊寻因

身为一枚吃货是光荣的，起码这说明生活里总还有些事物让你报以热情和兴趣。明末的张岱说：“人无癖不可与交，以其无深情也。”用现在的话翻译过来就是，一点都不变态的人其实是个超级大变态，没有偏好的人生非常冰冷。

每个周末结束，想到要和那么多无趣的工作周一见，我们难免又开始新的一轮怀疑人生。在这个时候，唯有瑶柱白粥加太阳蛋可以拯救黯淡狂躁的心情。阴冷的雨夜，一个人拖着僵硬躯壳回家，等待着你的不过是乱糟糟要收拾的屋子。在这个时候，唯有热巧克力可以为你灌注能量。生活有时把你弄得灰头土脸，总有一些时刻，我们会悲观到觉得自己的日子过得一无可取，谁知道呢，也许就是那么一个刹那，就陷入了无边无际的空虚和疲乏里。

但是如果还有一些东西令我们怀有一点小小的钟爱与执念，那簇小火花又会重新点亮我们的生活。就像有人去探访癌症病人，走出医院的时候步履沉重，感觉：天地不仁，以万物为刍狗。走过转角，看到平时都排长龙的烧鹅店今天居然不用排队，于是，上前买两斤烧鹅打包回家。把美食提在手里的时候，顿时又觉得人生到底还是意趣盎然，不可辜负。

所以身为一枚吃货，天然地具备自愈功能，可以庆幸，无论何时何地，生活里总还有一点东西值得期待，当你感觉心底的火焰摇摇欲坠，将熄未明之时，一份你喜爱的吃食又为这火苗补给了氧气。据说有人想自杀，当她决心吃完一餐豪华海鲜大餐以后就改变了主意，可以吃到大闸蟹的人生并不算完全面目可憎。

所谓吃货的生物自觉性就是在每一个低潮压抑的时刻，都要相信美食在前方鼓励你渡过险滩。准备考试，我们对自己说考完要大吃一顿；失恋被甩，哭着也要大吃一顿；哪怕是妊娠反应吐得想死，不怕，过了这段时间又可以大吃一顿。

至于减肥，如果我们不吃饱哪里有力气运动。饿着肚子哭泣是最悲惨的事情。

大补鸡汤

情绪会来也会走。支撑我们度过一个个低潮，面对一次次自我怀疑而不被摧毁的，是那些美好可爱事物发出的召唤。一对淡雅的真丝枕套，一个搞怪的咖啡杯，一盆憨态十足的多肉植物，一碗滚烫的老火汤，还有，还有，一披上身就豪情勃发的风衣，存储无数美颜自拍的手机。所谓恋物，就是出自对自我生命最诚恳的爱。

17

文艺青年有奇志，智障儿童欢乐多

凡事忧心那么多你是不是傻。

情景回放

小萌妈妈是家里的大内总管，阴雨天气惦记着衣服要晒干，晚餐再匆忙也得实现荤素合理搭配。家里各种杂务她都想要做得周到完美。周末全家人睡懒觉，小萌妈妈会第一个起来做早餐，不吃早餐影响胆汁分泌。看到家里其他人没心没肺呼呼大睡，小萌妈妈就会很生气：你们还不起床么，再不吃早餐，午饭都要来了。午饭吃什么，就该是我一个人张罗么，你们这样睡不管今天要安排什么节目，好浪费好堕落啊！

小萌就觉得委屈：好好一个周末假期，为什么要搞得厉兵秣马、剑拔弩张？周末不就是要休息和放松吗？

小萌妈妈问，我也想放松啊，可是家务谁来做，午饭谁来做？小萌说，这些事情就不可以睡醒睡好再来想吗？

问诊寻因

传统鸡汤鼓励大家追求完美，做到极致，所谓潜能无限。所谓细节决定成败，不要输在起跑线上，千里之堤溃于蚁穴，等等，反正就是告诉你人生不能有丝毫松懈，而且充满必须遵守的规则。例如：iPad不能多看否则影响视力；煎炸不能多吃否则会长痘；超过十点睡觉不利肝脏排毒，周末应该去运动，回家要先做作业，等等。总之，育儿得依照科学手册上讲的来，凡事皆有体例规则。被这些鸡汤灌大的人反感一切失序的情况发生，认为世界充满了随时令你坠落的深渊。

当一个妈妈辛苦维持家庭生活的规律运作，她自然会对家里其他不配合工作的成员心生怨气，如果那些成员不但不配合，而且还不体谅不认同，那么妈妈就会在感觉自己孤军奋战，独力难支甚至呼救无门。而在妈妈身边的人呢，他们时刻被催促和监督所包围，时间表里填满各种内容，因此心生厌烦，不堪重负。

对未来总是充满忧虑的人，当下也难以放松。阴天忧心衣服晒不干，晴天害怕会中暑。孩子成绩不好怕他落后，孩子成绩好怕他骄傲。古人说，人无远虑必有近忧，于是我们就在这远虑近忧的夹击之下不得安生，以为只要我科学规划理性安排，我的生活就会得到最优配置，高效发展。谁知，人非机器，孰能无意外孰能无感情。很多我们意识里的最优，不是我们内心最喜欢的方式。在周末里我们就是会懒散赖床，闲暇时我们就是会放空发愣，很多担心的事情我们就是还不想去面对和处理，利益最大化的选择我们就是感觉有抵触。那又如何呢？

童话故事里的寒号鸟因为没有及时做窝所以落得在寒风中悲鸣的下场，但是我们的生活逻辑并不是像麦兜妈妈所说的“有个孩子他不听妈妈的话，后来他死了”那样简单粗暴立竿见影，我们也听说傻人有傻福，吉人自有天相。世事没有一个放之四海而皆准的普世规律，唯一能确定的是，当下不勉强自己的人总会开心一些。

大家所信奉的不能输在起跑线上，焉知不是一种杞人忧天；人们反对的得过且过、及时行乐从某个意义上讲也是活在当下。所以何必一定要以未来不可见的忧患影响我们此刻的快乐。就像《奇葩说》选手胡渐彪说，我选择单身晚景可能孤单凄凉，我是认的，但我不愿意为任何人放弃此刻的快乐和自由。

大补鸡汤

车到山前必有路，没路就地睡一觉，醒来也许天地焕然一新发现路转溪头忽现。所谓：文艺青年多奇志，敢想敢做，梦想说不定就实现了；智障儿童欢乐多，无忧无虑、未雨不作绸缪也不要紧，说不定就没下雨呢。

各位自我要求严格的妈妈呀，放轻松，别紧张。不想做饭就出去下馆子，不想起床就再睡一会儿，说到底，乐天派笑口常开，不勉强的人生欢乐常在呀。

18

欢迎男色消费时代到来

你的“老公”一直在更新换代。

情景回放

小萌妈妈爱看韩剧，从《来自星星的你》的都敏俊到《太阳的后裔》的宋仲基。在电视上看黄致列欧巴手动比出心形，小萌妈妈立即闪出星星眼，喜形于色陶醉不已。小萌说，以前都是妈妈怕小孩沉迷追星，现在倒是妈妈更爱偶像剧小鲜肉，旧的一波胡歌、钟汉良、霍建华还没过气，新的一批洋洋、凡凡、轩轩、凯凯又来了。少女心萌发的妈妈有种莫名的喜感。

问诊寻因

以前人们习惯对女性的身材评头品足，脚要小、齿要白。一个女生如果不幸肤色暗沉鼻子塌，她对自己外貌的不足会耿耿于怀。就算在别人看来肤白貌美气质佳，她也很可能会说，哎呀，其实我小腿很粗，有肚腩，头发有分叉。就算美貌如范冰冰，大家也说她体重超过120斤，手臂粗壮是微胖界的代表。可是人们对男性却不会这样苛刻，只要有才（财），微博下就有一大群人哭着喊着认你做老公。

而现在，大家赞赏“凯凯王”的手指，禁欲系“老干部”霍建华的鲜明轮廓，还有宋仲基的童颜巨乳。这种公开津津乐道的热情丝毫不亚于男生彼此交流硬盘里的苍井空老师。

把男生的外貌当作个人吸引力的组成部分，可算是时代的进步。因为如果这个世界一定要看脸，那么不分男女，大家都拉出来比比高低吧。而时代的另一个进步就是，大家爱认老公，而且常换常新。女性可以坦然表达自己对男性外貌以其才华的喜爱，有人说快扶我到宋仲基床上去，也有人在高晓松的微博下冲他的大脸自拍说男神快吻我，我要给你生猴子。

在商业社会娱乐产业中，个人的声色艺形象成为商品被传播销售。在这个过程中女性形象被物化，男色也成为消费品。但是任何一项世俗标准的松动都值得欣喜，迷妹们对男星的追捧起码表明女性成了娱乐市场里不可小觑的经济力量。有了女性自我意识的确立，才有了她们对男色积极的欣赏和毫无顾忌的表白。

网上曾有一个讨论：说说你的男友曾送给你什么礼物把你气哭。在这个帖子里女生纷纷吐槽直男癌可怕的审美：他们喜欢马卡龙颜色的丝袜和蕾丝花边，喜欢阿依莲和淑女屋，短裙加泡泡袖是他们眼中的清纯。女生一直惯于在男生面前装纯装蠢，但是现在她们已经厌倦了这种伪装，她们喜欢自称“女汉子”，喜欢男友风的服装。如果这样的女生收到了直男觉得美的礼物，譬如带巨大蝴蝶结的裙子，粉红色的带绒球的毛线围巾等，这个时候她真的很难控制脸上的肌肉不露出鄙夷的表情，更加不能保证白眼不会翻到天际甚至翻不回来。

当一个女生很明确“我”的形象和需求的时候，她们会乐于表达自己的喜恶，以及按照自己的意愿行事。因为，一个人，得到越多，越敢于提出要求；相反，得到越少，她的要求反而也越低。

大补鸡汤

“大姨妈”来的时候，男生如果只会说多喝热水，估计会死得很惨。要是能够霸气地说“开门”，估计可以加分。不过，更多时候，女生不需要别人提醒说用热水袋以及喝热水，她们可以给自己泡一杯黑糖姜茶，躺在床上，施施然点开视频观看各路男神施展撩妹神功，各式老公尽归我有。

在不把自己放在一个被点评、被照顾的弱者位置上以后，你会发觉自己面临更多选择，以及习惯对世界提出要求，从而获得更多满足。